미래를 읽는
문화경제 트렌드

미래를 읽는 문화경제 트렌드

자본주의는 왜 문화에 주목하는가

최연구 지음

중앙경제평론사

머리말

전 세계를 강타한 코로나19는 그야말로 전대미문의 대충격이었다. 사상 초유의 초중고 개학 연기와 온라인 개학, 공공기관의 재택근무, 대규모 축제 및 행사의 연기와 취소, 전국 대학의 온라인 수업, 비대면 생활의 일상화 등 정말 엄청난 변화들이 계속되었다. 코로나19가 세상을 완전히 바꾸고 있다고 해도 과언이 아닐 정도였다. 코로나19를 기준으로 그 전을 BC(Before Corona), 이후를 AC(After Corona)로 구분해야 한다는 주장도 제기되었다.

4차 산업혁명이 지향했던 미래사회의 오메가 포인트(Omega Point : 궁극적 종착점, 목표점)는 아마도 디지털 대전환을 기반으로 하는 초연결사회, 지능정보사회, 스마트한 세상 등이었을 것이고, 이런 세상이 지금 하나씩 현실이 되고 있다. 팬데믹으로 인한 격변을 겪으면서 전문가들은 입을 모아 4차 산업혁명을 이

끈 주역은 다름 아닌 COVID-19라는 분석을 내놓았다. 눈에 보이지도 않는 인수공통감염병 바이러스가 첨단기계문명 시대를 살아가고 있는 인류에게 가져다준 충격과 공포는 그야말로 무지막지했다.

그런데 가만히 생각해보면 사람들이 정말 두려워하고 있는 것은 코로나19 감염이나 바이러스 그 자체가 아니라 어쩌면 이 무시무시한 위기가 도대체 언제 끝날지 아무도 모른다는 막연한 불안감과 미래에 대한 불확실성이 아닐까 싶다.

몇 년 전에도 불안감과 불확실성을 증폭시켰던 역사적인 대사건이 있었다. 인공지능 알파고와 인간 대표 이세돌 9단이 벌인 세기의 바둑 대국이었다.

이 대국은 결국 인공지능(AI : Artificial Intelligence)의 승리로 끝났고, 충격을 받은 사람들은 그때부터 부쩍 미래 이야기를 많이 하기 시작했다. 기계의 압도적 능력에 대한 두려움 때문일 수도 있지만 그 저변에는 기계문명이 가져다줄 미래에 대한 불확실성과 막연한 불안감 같은 것이 깔려 있다. 미래에는 사람처럼 생각하는 '강한 인공지능(Strong AI)'이 만들어질 것이고, 인공지능 로봇은 점차 사람의 일자리를 위협할 것이라며 걱정하는 사람도 많다.

인공지능 전문가인 미국 스탠퍼드대학교 제리 카플란 교수는 영국 일간지 〈가디언〉과의 인터뷰에서 "AI 발전으로 현재 인류 직업의 대부분은 사라질 것이며, 로봇으로 인한 대량 실업은 피할 수 없을 것"이라고 예견했었다. 청소로봇, 육아로봇에서 로봇교사, 로봇기자, 로봇판사에 이르기까지 로봇은 뛰어난 계산능력과 정보처리 및 분석능력, 합리적 추론과 판단능력으로 현재 인간이 수행하는 직업들의 상당 부분을 대체하게 될지도 모른다.

알파고와 이세돌의 대국 직후 한국고용정보원은 우리나라 주요 직업 400여 개 가운데 인공지능과 로봇기술(Robotics) 등을 활용한 자동화에 따른 직무 대체 확률을 분석해 발표했다. 자동화에 따라 직무의 상당 부분이 인공지능과 로봇으로 대체될 위험이 큰 직업은 콘크리트공, 정육원 및 도축원, 고무 및 플라스틱 제품조립원, 청원경찰, 조세행정사무원 등의 순이었다. 이들 직업은 단순 반복적이고 정교함이 떨어지는 동작을 하거나 사람들과 소통하는 일이 상대적으로 적은 특징을 보인다.

반면 화가 및 조각가, 사진작가 및 사진사, 작가 및 관련 전문가, 지휘자, 작곡가 및 연주자, 애니메이터 등의 직업들은 자동화 대체 확률이 낮은 것으로 나타났다. 대부분 문화예술 분야이고 창의성과 감성, 사회적 협력 등을 필요로 하는 직업들이다. 미래에는 단순 반복 노동, 조립 및 제조 등의 산업 영역이나 연산, 금융 등의 경제 영역은 점차 기계나 인공지능이 맡게 되고, 감성과 상상력을 가진 사람들은 주로 문화예술이나 콘텐츠산업 등의 영역에서 일할 가능성이 높다.

　기계가 점차 인간의 육체노동을 대체한다면 인간은 정신 영역이나 문화 영역의 삶에 집중하게 될지도 모르겠다. 미래에는 문화나 예술에 대한 관심이 더 커질 것으로 예측되며, 미래자본주의는 서비스, 엔터테인먼트, 정보통신, 문화콘텐츠 중심으로 발전할 가능성이 높다.

　우리는 자본주의 사회를 살아가고 있다. 자본주의 사회에서 제일 어려운 일은 '남의 지갑에 있는 돈을 내 지갑으로 옮기는 일'이라는 말이 있다. 참으로 공감 가는 말이다. 경제가 어려울수록 돈 벌기 힘들다는 탄식이 절로 나오지만 호황일 때도 돈 벌기가 그리 녹록한 것은 아니다. 물건을 팔건 투자를 받건 아니면 기부를 받건 남의 돈을 받는 것은 결코 쉬운 일이 아니다. 상대방이 강한 매력을 느끼거나 절실한 이해관계를 갖게 해야 하기 때문이다.

　정말 미묘한 차이인데도 인근의 여러 음식점들 중에서 어떤 식당은 줄을 서서 기다리고 어떤 곳은 파리를 날린다. 비슷한 모델, 비슷한 기능의 가전제품 중 일등 상품은 거의 시장을 독점하다시피 한다. 중요한 것은 비슷비슷한 98%가 아니라 나머지 2%이다. 이 2%의 미묘한 차이는 사소한 차이가 아니라 결정적 차이다.

소비자들은 얼핏 우둔해 보이지만 지극히 현명하다. 단순히 한두 가지 비교해보고 물건을 고르지 않는다. 좋아 보인다고 덥석 지갑을 열지도 않는다. 있으면 좋고 없어도 괜찮은 정도의 상품이나 서비스로는 대박을 터뜨릴 수 없다. 정말 매력을 느끼게 하는 상품이야말로 소비자의 마음을 움직인다. 아이폰이 처음 나왔을 때 세상이 발칵 뒤집힐 정도로 놀라움과 흥분을 안겨주었던 것을 생각해보라.

자본주의(資本主義, capitalism)는 글자 그대로 풀어보면 '돈이 근본인 이론'이다. 영어의 capital도 자본금, 자금 또는 자산을 의미한다. 자본주의 사회는 자본을 중심으로 얽혀 있고, 자본에 의해 움직이고 있다. 그런 의미에서 보면 자본주의의 원동력은 재화나 용역의 생산을 맡고 있는 기업이라 할 수 있다.

자본주의 사회에서 살면서 개인이나 기업이 '돈 버는 일'을 대수롭지 않게 생각한다면 이는 시대착오적이다. 그렇다고 돈이 지고의 가치라 강변하는 것은 아니다. 자본주의 사회도 인간을 중심에 둘 때 비로소 아름답고 인간적인 사회가 될 수 있을 것이다.

하지만 '금강산도 식후경'이라는 말처럼 아무리 절경이라도 배고픈 사람에게는 소용이 없다. 기업도 채산성, 영리(營利)라는 요건을 먼저 충족시키고 나야 '사회적 책임(CSR : Corporate Social Responsibility)' 경영이나 메세나 경영도 할 수 있고, 요즘 경영 키워드인 ESG(환경, 사회, 거버넌스)도 기업경영이 지속가능한 정도가 돼야 할 수 있다.

자본주의 사회에서는 돈을 벌고 부가가치를 창출하는 것이 나쁜 것이 아니다. 나쁘게 버는 것, 부정한 방법으로 버는 것이 나쁠 뿐이다. 미래에셋 창업주 박현주 회장은 자신의 책에서 이렇게 말했다. "바르게 벌어서 바르게 쓸 때, 돈은 꽃처럼 아름답습니다. 돈은 꽃입니다." 맞는 말이다. 자본주의에서는 돈이 꽃이다.

오래전 서울대학교 경영대 안태식 교수의 '인간과 경영' 특강을 재미있게 들은 적이 있다. 안 교수는 '이기심이야말로 자본주의의 근간'임을 강조했었다. 자본주의에서 이루어지는 모든 경제활동은 자비심이 아니라 이기심으로부터 비롯된다는 것이다. 기업이 좋은 상품을 만드는 것은 상품을 통해 소비자에게 자비를 베풀기 위한 것이 아니라 이익을 취하려는 이기심 때문이다. 최고의 요리사가 훌륭한 요리를 만드는 것도 자비심이 아니라 이기심 때문이다.

고전 정치경제학자 애덤 스미스는 개인의 이기심과 경쟁이야말로 사회 전체의 부(富)를 극대화하는 수단이라고 생각했다. 다만 여기에서 남의 것을 부정한 방법으로 뺏으려는 탐욕(greed)과 룰을 지키는 범위 내에서의 이기심은 구분해야 한다는 것이다.

인간은 이기심을 가진 동물이며 자신의 이익을 취하기 위해 사회생활을 한다. 프랑스 사회학의 대가 피에르 부르디외(Pierre Bourdieu)는 "이익(interest)이 있는 일이야말로 재미있는(interesting) 일"이라고 말했다. 그렇다면 기업에게 재미있는 일이라면 뻔한 것 아닌가. 자본주의를 어떻게 할 것인가. 우리가 할 수 있는 일, 우리가 해야 할 일은 분명하다. 우선 자본주의 시스템을 이해해야 하고 자본주의의 변화를 읽어야 하며, 그 변화에 대응하는 방법을 알아야 한다.

코로나19라는 역대급 재난을 만나 자본주의는 위기를 맞고 있다. 이동과 집합이 제한되면서 기존의 생산, 유통, 소비 시스템의 교란이 발생했고, 글로벌 가치 사슬도 붕괴되었다.

하지만 누구도 자본주의의 붕괴를 이야기하지는 않는다. 코로나19로 경제위기를 맞아 모두가 힘들고 특히 소상공인들은 절망의 구렁텅이로 몰리고 있지만 이런 위기 속에서도 오히려 엄청난 수익을 올리는 기업들도 있다. 빈익빈부익부라는 자본주의의 본질적 모순은 경제위기 상황에 더 극단적으로 나타나

양극화를 부채질했다. 2020년 동학개미, 서학개미 등 갑작스런 주식투자 열풍이 일어나 가장 자본주의적인 증권시장이 사상 유례 없는 활황이었고, 2021년 연초에는 한국 주식시장이 코스피 지수 3,000을 돌파하고도 그 상승세가 계속됐다. 2022년 들면서 이번에는 글로벌 주식시장이 대위기를 맞았고 연일 저점을 향해 추락에 추락을 거듭했다.

자본주의에서 살아가려면 자본주의를 알아야 하고, 자본주의에서 돈을 벌려면 자본주의의 작동기제와 발전 방향을 제대로 이해하고 예측해야 한다. 아무리 경제위기 상황이라도 자본주의의 본질과 변화를 읽을 수 있으면 기회를 포착할 수 있다. 돈도 벌 줄 아는 기업이 더 버는 것이고, 부동산도 전략과 비전이 있어야 수익을 올릴 수 있다.

비슷한 노력을 하고도 어떤 기업은 수익을 올리고 어떤 기업은 그렇지 못한다. 수익률 차이를 좌우하는 2%의 결정적 요인은 어디에서 오는 걸까. 통찰력, 적응력, 정보력 등 여러 가지 요인이 있겠지만 이제는 문화적 요인 또한 매우 중요하다. 똑같은 성능, 똑같은 사양의 상품이라도 어떤 상품은 디자인이 독창적이어서 가격이 훨씬 비싸다. 또 기업 신뢰도, 이미지, 브랜드 가치에 따라 가격이 달라지고, 상품에 담긴 재미있는 스토리가 가격을 높여주기도 한다.

2021년 2월 9일, 코로나19로 집합이나 모임이 제한된 가운데 전국의 스타벅스 매장은 이른 오전부터 모여든 사람들로 장사진을 이뤘다. 스타벅스가 완구 브랜드 플레이모빌과 함께 만든 피규어를 구입하기 위해 모인 사람들이었다. 이들은 단순한 고객이 아니라 플레이모빌과 스타벅스의 팬들이었고, 이런 팬덤이 기업의 브랜드 가치를 높여주고 있다.

마케팅 분야 베스트셀러 작가인 데이비드 미어먼 스콧은 최근 스타벅스, 나이키, 랜드로버 등 핵심고객층을 보유한 브랜드의 경영전략을 분석하여 《팬덤 경제학》이라는 책을 출간했다. 그가 이 책에서 분석한 스타벅스의 강점은 '공간'인데, 스타벅스는 음료를 파는 그냥 카페가 아니라 '같은 생각을 가진 사람 간의 물리적 접근성'을 파는 브랜드 기업이고 이를 통해 팬덤을 형성한다는 것이다.

이렇게 팬덤과 같은 문화적 요인은 시장에서 큰 힘을 발휘한다. 문화마케팅, 메세나, 데카르트 마케팅, 팬덤 마케팅, 문화적 가치, 문화경영 등 문화와 관련된 요인들은 기업경영에서 중요한 요인으로 부각되고 있다. 문화에 대한 인식 변화와 함께 '문화는 사회발전의 토대일 뿐만 아니라 경제성장에 막대한 영향력을 미친다'는 이야기가 공감을 얻고 있다.

하드 파워가 지배하던 시대는 저물고 이제는 소프트 파워의 시대다. 소프트 파워의 핵심은 다름 아닌 문화다. 첨단과학기술과 ICT(정보통신기술)는 문화산업과 접목돼 새로운 시장을 창출하고 있다.

코로나19 위기상황에서 산업지형도 큰 변화를 겪었는데, 그 변화 속에서의 문화트렌드도 제대로 읽어야 한다. 물리적 공간에서 대중들이 모여 열광하던 문화공연도 온라인 비대면 공연이라는 새로운 방식으로 변화하고 있다.

2020년 언택트 공연의 첫 시도는 SM엔터테인먼트의 '비욘드 라이브'로 네이버 V라이브 채널을 통해 슈퍼엠, NCT, 슈퍼주니어 등 슈퍼스타들이 사이버 공간에서 화려한 무대를 선보였고, 빅히트(현재는 하이브)의 방탄소년단 온라인 콘서트 '방방콘 더 라이브'는 75만 관객을 동원해 약 300억 원의 매출을 올림으로써 언택트 문화산업이 새로운 수익 모델로 부상했다.

이렇게 문화산업도 오프라인에서 온라인으로 활동 중심축이 이동하면서 이른바 '팬덤 플랫폼'이 산업 재편을 주도하고 있다. 팬데믹 여파로 비대면 일상은 지속될 것으로 보이며 완전히 코로나19 이전의 일상으로 돌아가는 것은 불가능해 보인다. 비대면 일상의 지속도 중요한 문화변동이다.

모든 사업은 상상력, 아이디어로부터 시작되고 변화는 기술이 만들지만 결국 성패는 문화에 달려 있다. 경제현상이 눈에 보이는 물결이라면 그 저변에 흐르는, 잘 보이지 않는 큰 해류는 문화현상이다. 문화라는 관점에서 사회변화를 이해해야 큰 흐름을 읽을 수 있다. 변화를 어떻게 이해하고 변화 트렌드를 어떻게 따라잡느냐에 따라 우리의 미래가 달라진다. 개인이건, 조직이건, 기업이건 예외는 없다.

코로나19를 기점으로 엄청난 변화가 이루어지고 있지만 단기적인 현상을 살펴보는 것보다 중요한 것은 자본주의 사회에서의 문화가 어떤 위치에 있고 어떻게 발전하는가라는 본질을 살펴보는 것이다. 현상이 아무리 큰 변화를 수반하더라도 본질을 벗어날 수는 없기 때문이다.

이 책의 1장에서는 현대 자본주의 사회에서 문화가 부각되는 현상과 원인에 대해 살펴볼 것이다. 2장에서는 자본의 개념, 가치론 등의 이론에 비추어 문화자본이나 문화적 가치에 대해 생각해본다. 마지막으로 3장에서는 미래자본, 미래사회의 변화에 대해 전망하고 인공지능 시대의 문화, 그리고 디지털 전환과 코로나19로 인한 문화변화 등에 대해서 생각해본다.

시중에는 이미 문화콘텐츠나 문화경제 등에 관련된 책들이 많이 나와 있고, 인터넷에도 무수히 많은 정보들이 유통되고 있다. 말 그대로 '정보의 홍수' 속에서 살고 있다.

그런데 범람하는 정보들 중 상당 부분은 잘못된 정보이거나 아무 쓸모없는 정크(junk : 쓰레기)에 불과하다. 가짜 뉴스, 오인정보, 거짓정보 등은 심각한 사회적 문제가 되고 있다. 지식정보사회에서는 아는 것이 힘이다. 하지만 어설프게 알거나 잘못 알면 오히려 독이 된다. 제대로 알고 올바른 정보를 가져야 진짜 힘을 가질 수 있다.

이 책에도 부족한 부분이 많을 테지만 이는 독자들의 진지한 성찰과 전문가들의 후속 연구, 그리고 지속적인 논의를 통해 앞으로 계속 보완하고 채워나갈 수 있을 것이다.

이 책을 출간해준 중앙경제평론사 김용주 대표님과 출판사 관계자분들께 감사드린다. 초고 및 개정증보판 원고를 읽고 의견을 준 이주원 선생, 신희주 선생 등 두 제자에게도 고마움을 전한다. 아무쪼록 급변하는 문화트렌드를 이해하고 미래를 예측해 다가올 미래를 준비하는 데 이 책이 조금이라도 도움이 되기를 바라는 마음 간절하다.

마지막으로 이 책은 2017년 초판이 출간된 뒤 5년 만에 코로나 팬데믹을 포함한 그간의 변화를 반영하고 저자의 새로운 생각을 보태 개정증보판으로 출간되는 것임을 밝혀둔다.

최연구 識

차례

1장

자본주의는
왜 문화에 주목하는가

21세기에 난데없이 데카르트가 뜨고 있다. 일찍이 17세기 '나는 생각한다, 고로 나는 존재한다(cogito ergo sum)'는 대명제로 근대 철학의 불을 밝힌 프랑스의 합리주의 철학자 르네 데카르트(1596~1650)를 이야기하는 것이 아니다. 문화마케팅의 트렌드로 부상한 '데카르트 마케팅(techart marketing)'을 두고 하는 말이다.

'데카르트'는 기술(technology)과 예술(art)을 합쳐 만든 신조어다. 냉장고, 세탁기, 에어컨 등 가전제품에 명화나 예술적인 디자인을 적용해 소비자의 감성을 자극하는 트렌디한 신종 마케팅을 가리킨다.

번 슈미트와 알렉스 시몬슨은 《번 슈미트의 미학적 마케팅》[1]이라는 책에서 자신이 팔고자 하는 것의 실용성만을 강조하는 마케팅은 한계가 있음을 역설한다. 제품의 실용적 가치를 벗어나 제품을 통해 체험할 수 있는 감동과 감성, 다시 말해 실용 이상의 효용을 얻을 수 있음을 알려야 한다고 강조한다.

예전에 삼성전자는 김치냉장고나 드럼세탁기에 앙드레 김의 디자인을 넣은 제품을 선보였고, LG전자는 휴대전화에 패션 디자이너 이상봉 씨가 디자인한 한글 문양으로 윤동주의 시 '별 헤는 밤'을 새겨 넣었다. 외장하드업체 새로텍은 프랑스의 세계적인 일러스트 작가 에르베 튈레의 작품을 입힌 제품을 출시해 눈길을 끌기도 했다.

1　번 슈미트·알렉스 시몬슨 지음, 인피니트 그룹 옮김, 《번 슈미트의 미학적 마케팅》, 김앤김북스, 2007년

데카르트 마케팅은 처음에는 가전제품이나 IT에 예술작품을 접목하는 것으로 시작했지만 점점 범위가 넓어져 자동차, 식품, 생필품 등 다양한 제품에 적용되면서 예술마케팅으로 진화하고 있다.

데카르트 마케팅의 사례는 주변에서 어렵지 않게 찾을 수 있다. 동원F&B의 덴마크 커피우유 제품은 우유갑에 명화 시리즈를 소개하는 고급스런 마케팅을 시도했다.

카푸치노에는 마네의 '피리 부는 소년', 고흐의 '낮잠', 페르메이르의 '진주 귀걸이를 한 소녀', 루벤스의 '수잔나 푸르망의 초상' 그림을 썼고, 모카 라테에는 모딜리아니의 '노란 스웨터를 입은 잔느 에뷔테른', 르누아르의 '앙베르의 이렌느 카앵 양의 초상', 밀레의 '이삭 줍는 여인들', 고야의 '옷을 입은 마야 부인' 등의 명화가 등장한다.

샷플러스 라테에는 레오나르도 다빈치의 '담비를 안고 있는 여인', 카페 라테 토피넛에는 앵그르의 '리비에르 씨의 초상' 그림을 올렸으며, 메이플 마키아토에는 르누아르의 '배우 잔느 사마리의 초상' 그림이 사용됐다. 편의점에서 쉽게 구입할 수 있는 아주 서민적인 공산품 커피 한 잔을 마시면서도 우리는 미술사에 빛나는 이런 명작들을 감상할 수 있는 여유를 가질 수 있게 된 것이다.

또한 독일 자동차회사 BMW는 로이 리히텐슈타인의 팝아트를 자동차 외장 디자인에 입힌, 이른바 '아트카'를 선보였다. 앤디 워홀, 에른스트 푹스 등 팝아트 거장들의 작품을 활용한 다양한 디자인의 아트카를 차례로 출시하기도 했다.

우리나라 제약회사 종근당의 두통약에는 오스트리아 작가 구스타프 클림트의 명작 '아델 블로흐-바우어의 초상' 그림이 디자인되어 있는데, 이 또한 참신한 발상의 전환이다. 이 회사는 이런 데카르트 마케팅을 적용함으로써 전년 대비 매출이 크게 신장되는 등 실제로 효과를 톡톡히 봤다고 한다. 바야흐로 데카르트 마케팅은 기존 예술작품을 제품에 활용하거나 아니면 유명 예술가 혹은 명품 브랜드와 협업(collaboration)하면서 디자인 자체를 예술적으로 추구하는 등 다양한 방식으로 발전하고 있다.

데카르트 경영이나 예술경영 트렌드처럼 산업 영역에서도 문화가 부각되고 있는 것은 큰 변화다. 예전에는 문화와 산업, 예술과 비즈니스가 서로 융합할 수 없는 별개의 영역으로 인식돼 왔기 때문이다. 경제학자들은 오랫동안 문화가 본질적으로는 돈과 상관없는 영역이라 여겼다.

융합(convergence), 창의성, 문화마케팅 등의 용어가 이제는 별로 낯설지 않다. 오히려 순수한 것, 고답적인 것, 문화적이지 않은 마케팅이 더 진부하게 느껴지는 시대다. 문화는 사회를 새로운 모습으로 바꿔놓고 있고, 비즈니스 트렌드와 자본 개념마저 변화시키고 있다. 원래의 모습을 고수하는 것보다 새로운 모습으로 바꾸는 것이 기업의 미덕이 되고 있다.

1993년 삼성의 고 이건희 회장이 "마누라와 자식만 빼고 다 바꿔라"라고 일갈했던 것은 유명한 일화로 전해지고 있다. "출근하지 말고 놀아라, 놀아도 좋으니 뒷다리 잡지 마라, 입체적 사고를 하라" 등 상식을 깨는 주문과 함께 삼성이 이른바 신경영을 선언한 지 30년이 다 돼가지만 변화는 여전히 현재진행형이다. 2016년 이재용 삼성 부회장은 신경영 선언 23년 만에 다시 "다 바꾸자"며 글로벌 기업에 걸맞은 의식과 일하는 문화를 혁신하는 '스타트업 삼성 컬처 혁신'을 선언했었다.[2] 다름 아닌 '문화 혁신'을 강조했음에 주목해야 한다. 바야흐로 우리는 기업경영에서도 문화가 중요해진 사회를 살아가고 있다.

---

[2] 매일경제 온라인판, 2016년 10월 31일
http://news.mk.co.kr/newsRead.php?no=757086&year= 2016

문화가 부각되는
사회경제적 변화

　세기말, 우리 사회에서는 문화가 시대적 화두로 대두했다. 지성계에서는 '1980년대의 화두를 사회과학이 제공했다면, 1990년대 화두의 원천은 문화비평'이라고 이야기한다. 1990년대 들어 물질적으로 풍요로워지고 경제 수준도 거의 선진국 대열의 문턱으로 진입하자 온 사회가 부쩍 문화에 관심을 갖기 시작했던 것이다. 이제 21세기는 '문화의 세기'라고 할 만하다.[3]

　문화경제학, 문화콘텐츠, 문화산업, 문화마케팅(데카르트 마케팅) 등 문화는 산업계, 학계를 비롯해 다양한 분야에서 이슈가 되고 있다. 학문이건 산업이건 문화를 접두어로 갖다 붙이면 뭔가 뚝딱 새로운 영역이 만들어진다. 그만큼 문화는 광범하고 어

3　최연구 지음, 《문화콘텐츠란 무엇인가》, 살림출판사, 2006년, 5쪽

디에나 잘 어울린다는 의미가 될 수 있다.

또한 접미어로 붙여도 하나의 영역이 만들어진다. 기업의 문화는 기업문화이고, 정치판의 문화는 정치문화다. 대학의 문화는 캠퍼스문화(또는 대학문화)이고 지역사회에는 저마다 고유한 지역문화가 있다. 세계 어디서나 통용되는 글로벌 문화도 있고, 음식물과 관련된 식(食)문화, 반항적 히피문화 등도 문화의 다양한 모습이다.

학문적으로도 문화는 큰 비중을 갖는 연구대상으로 부상했다. 기존에는 문화를 다루는 학문 분야가 분명하지 않았다. 기껏 사회학이나 문화인류학에서 사회현상이나 문명사의 한 부분으로 다루던 것이 전부였다. 문화를 전문적으로 다루는 문화학 같은 영역은 존재하지도 않았다. 문화인류학과라는 학과가 있었지만 고대문명의 발생이나 문명 간 차이, 문명권 비교 등을 주로 연구했을 뿐이다. 가령 현대사회의 문화나 문화트렌드, 미래문화 등에 대한 전문적 연구는 생각할 수도 없었다.

이제 문화는 학문적으로도 새로운 영역이 되었으며 그 지평이 확대되고 있다. 경제학 분야에서는 '문화경제학'이라는 새 분과 학문이 생겨났고, '문화경제학회'도 만들어졌다.

국제적으로 보면 1973년에 국제문화경제학회가 창립되었고, 일본에서는 1992년에 일본문화경제학회가 만들어졌다. 우리나라에서는 1997년에 한국문화경제학회가 발족되었다. 이제는 '문화학'이라는 분과 학문이 엄연히 존재한다.

영어사전에는 '문화학(culturology)'이라는 표제어가 올라가 있고, 영어판 위키백과에는 문화학에 대한 설명도 등재되어 있다. 한국어판 위키백과에는 문화학이라는 표제어는 없지만 대신 '문화연구(cultural studies)' 항목은 올라가 있다.

> "문화학 또는 문화과학(science of culture)은 사회과학의 한 분야로 과학적 이해, 묘사, 분석, 전체로서의 문화 예측 등과 연관된다. 민속학이나 인류학에서 다양한 문화적 실천에 대해 연구되고 있으며, 문화적 양상에만 초점을 두는 분야로서의 필요성이 인정되고 있다.4"

근대 학문 발전사에서 사회과학의 꽃은 경제학이었다. 경제학은 분석적, 논리적, 수학적 사고로 사회현상을 분석하고, 통계 등의 객관적 데이터를 활용해 경제 현상과 작동 기제를 설명하는 학문이다. 자본주의적인 근대화가 진행되는 과정에서 경제는 사회체제의 근간이자 핵심문제였기 때문에 경제학의 역할은 절대적이었다.

---

4 http://en.wikipedia.org/wiki/Culturology

국가를 운영하는 정책의 근간도 경제정책이었다. 초창기의 근대경제학을 정치경제학(political economy)이라 불렀던 것은 이 때문이다. 경제가 정치이고 정치는 곧 경제였던 것이다.

근대 사회과학사를 보면 이론적으로 양대 산맥이 있는데, 그 중심 인물은 칼 마르크스와 막스 베버이다(둘 다 독일인이고 유명하지만 그중 한 명은 여전히 금기시되는 인물이다). 사회과학자 칼 마르크스(Karl Marx, 1818~1883)는 '경제적 요인이 결정적이고(determine in the last instance) 본질적'이라 주장하면서 이른바 '경제결정론(economical determinism)'적 사회과학 사조를 만든 사람이다.

한편 고전 사회학자 막스 베버(Max Weber, 1864~1920)는 마르크스주의적 경제결정론을 비판하며 이른바 '다원론'을 주창했다. 베버는 경제가 모든 것을 결정하는 것이 아니라 사회는 훨씬 복잡다단하므로 경제자본(Property), 정치권력(Power), 문화적 위광(Prestige) 등 세 가지가 다 중요하다고 보았다. 이 세 가지 요인이 다원적, 중층적으로 사회의 본질을 결정한다고 생각했던 것이다.[5] 베버의 다원주의는 이후 근대 사회과학 발전에 있어서 결정적 모멘텀이 되었고, 특히 문화사회학이 태동하는 계기가 되었다.

---

5   Property, Power, Prestige 등 이니셜을 따 이를 '3P 이론'이라 부른다. 물론 베버 자신이 3P라고 말한 것은 아니며 후학들이 붙인 이름이다.

여담 하나. 요즘은 보통 마르크스라고 하지만 예전에는 마르크스를 '맑스'라 부르기도 했다. 막스 베버와 발음이 비슷해 종종 해프닝이 빚어졌다. 같은 독일인이지만 맑스(마르크스)는 말하자면 좌파의 교주격이고, 막스 베버는 우파의 아버지라 할 수 있다. 소위 86세대(1980년대 학번, 1960년대생) 운동권의 활동이 왕성하던 1980년대에 맑스의 저작은 운동권 필독서였고, 공식적인 불온문서였다.

당시에는 '불심검문'이라는 것이 있었는데 대학 정문이나 시내 번화가에서 경찰이 대학생이나 행인의 가방과 소지품을 뒤지는 일이었다. 재미있는 것은 사회과학을 전공하던 대학생들이 ('맑스'와 발음이 비슷한) 막스 베버의 책을 지니고 다니다 불심검문에 걸려 조사받는 일도 왕왕 있었다는 사실이다.

각설하고 막스 베버 이후 사회과학은 문화나 정치권력에 대해 점점 관심을 가지기 시작했다. 그래도 주류는 여전히 경제결정론적 관점이었다. 먹고사는 문제야말로 인간에게 일차적 문제고, 의식주 문제는 우선은 경제적으로 해결할 수밖에 없었기 때문이다.

생산력이 높아지고 사회가 물질적으로 풍요로워지면서 사람들의 삶의 방식에 변화가 나타나기 시작한다. 가장 큰 변화는 노동시간이 줄고 여가시간이 늘어나는 것이다. 여가시간에 무얼 할까를 고민하다 보니 사람들은 자연스럽게 문화에 관심을 갖게 되었을 것이다. 또한 평균수명이 길어지고 사회가 고령화되고 있는 것도 여가시간 증가의 원인 중 하나다.

통계청장과 IMF 상임이사, 새만금위원장을 역임했던 오종남 교수는 《은퇴 후 30년을 준비하라》는 책에서 예전에는 '더블 30' 인생을 살았지만 앞으로는 '트리플 30' 인생을 살아야 한다고 말한다.

더블 30이란 '30년 + 30년의 인생'이다. 초반 30년은 부모의 보호 아래 자라서 교육받고 결혼해서 세상을 살아갈 준비를 하는 30년이고, 후반 30년은 부모가 그랬던 것처럼 아이를 낳고 기르고 가르치며 보내는 30년이다. 그 이후 인생은 남은 자투리라는 의미에서 여생(餘生)이라고 했다는 것이다.

하지만 문제는 지난 몇 십여 년간 과학기술과 의학의 발달로 평균기대수명이 엄청 늘어났다는 사실이다. 통계청의 통계에 의하면, 1960년 52.4세였던 우리나라 평균기대수명이 2008년에는 80.1세, 2014년에는 82.4세로 늘어났다. 2020년 12월 통계청이 발표한 '2019년 생명표'에 의하면, 한국인 출생아의 기대수명은 83.3년으로 OECD 회원국 가운데 5번째다. 평균기대수명 100세 시대도 먼 미래의 일은 아닌 것 같다. 이제 곧 평균기대수명 90세 시대를 맞게 되면 더블 30 인생을 살고도 또 30

년을 더 살아야 하는 세상이 오게 된다.[6] 이러니 세 번째 30년에는 얼마나 많은 여가시간을 더 갖게 될 것인가 말이다.

게다가 요즘처럼 조기은퇴가 계속 늘어간다면 실버들의 여가시간은 사회적 이슈가 될 수밖에 없다. 고령화 사회로 갈수록 여가시간이 늘어나니 여가시간을 보낼 문화생활에 관심을 갖는 것은 당연지사다.

---

6 오종남 지음, 《은퇴 후 30년을 준비하라》, 삼성경제연구소, 2009년, 17~19쪽

문화는
정말 중요하다

문화는 연령, 계층을 넘어 전 국민적 관심사가 되고 있고, 학문적으로도 본격적인 연구대상이다. '문화자본'이라는 용어도 많이 사용되고 있다. 가만히 생각해보면, 문화자본이라는 말은 굉장히 파격적이고 새로운 관점이다.

국어사전의 정의에 의하면, 자본(資本)은 '장사나 사업 따위의 기본이 되는 돈'을 말한다. 그렇다면 돈이나 자본은 경제 개념일 텐데, 과연 개념적으로 문화자본이라는 용어가 가능한 것일까. 엄격한 경제학의 잣대로는 문화자본이라는 말이 가능하지 않을 수 있다. 하지만 이론이 모든 현실을 설명해 주지는 않으며 현실의 변화는 늘 이론의 수정을 요구하는 법이다.

당대 최고 사회학자로 손꼽혔던 피에르 부르디외(Pierre Bourdieu, 1930~2002)가 본격적으로 사용했던 '문화자본'이라는 용어는 문화에 대한 발상의 전환을 보여준 개념이다. 부르디외의 문화자본은 다시 2장에서 자세히 살펴보기로 한다.

사회경제적 변화, 삶의 질 향상과 함께 문화의 위상이 높아졌음을 인정하더라도 문화가 경제를 대체할 정도의 결정적 요인으로 받아들이기는 여전히 어려울 것이다. 문화가 그냥 중요하다는 말과 문화가 결정적이라는 말은 차원이 다르다. 어쨌거나 문화의 중요성에 대한 인식 확산과 변화가 빠르게 진행되어 온 것은 사실이다.

문화와 경제의 관계에 대한 설명을 할 때, 한국과 가나의 발전 속도 비교를 예로 들기도 한다. 믿기 어렵겠지만 지금으로부터 60여 년 전 한국 경제는 아프리카의 후진국 가나와 비슷한 수준이었다. 도대체 비교대상조차 안 될 것 같지만 엄연한 사실이다.

'문명 충돌론'으로 큰 반향을 불러일으켰던 미국의 정치학자 새뮤얼 헌팅턴(Samuel Huntington)은 로렌스 해리슨과 함께《문화가 중요하다(Culture matters)》라는 제목의 책을 펴냈다. 이 책 서문에 헌팅턴은 다음과 같이 썼다.

"1990년대 초 나는 가나와 한국의 1960년대 초반 경제 자료들을 검토하게 되었는데, 1960년대 당시 두 나라의 경제상황이 아주 비슷하다는 사실을 발견하고서 깜짝 놀랐다. 무엇보다 양국의 1인당 GNP 수준이 비슷했으며 1차 제품(농산품), 2차 제품(공산품), 서비스의 경제 점유 분포도 비슷했다. 특히 농산품의 경제 점유율이 아주 유사했다. 당시 한국은 제대로 만들어내는 2차 제품이 별로 없었다. 게다가 양국은 상당한 경제원조를 받고 있었다. 30년 뒤 한국은 세계 14위의 경제 규모를 가진 산업 강국으로 발전했다. 유수한 다국적 기업을 거느리고 자동차, 전자장비, 고도로 기술집약적인 2차 제품 등을 수출하는 나라로 부상했다. (……) 반면 이런 비약적 발전이 가나에서는 이루어지지 않았다. 가나의 1인당 GNP는 한국의 15분의 1 정도 수준이다. 이런 엄청난 발전의 차이를 어떻게 설명할 수 있을까? 물론 여러 가지 요인이 작용했겠지만, 내가 볼 때 '문화'가 결정적 요인이라고 생각한다. 한국인들은 검약, 투자, 근면, 교육, 조직, 기강, 극기정신 등을 하나의 가치로 생각한다. 가나 국민들은 다른 가치관을 갖고 있다. 그러니 간단히 말해서 문화가 결정적으로 중요하다고 생각한다.7"

세계적인 학자와 전문가들은 '문화적 가치와 인류발전 프로젝트'를 주제로 열린 국제 심포지엄에서 '문화는 정말 중요하다(Culture matters)'는 결론을 내렸다. 가나와 한국의 경제발전 차

---

7 새뮤얼 헌팅턴 외 지음, 이종인 옮김, 《문화가 중요하다》, 김영사, 2001년, 8~9쪽

이에서 문화가 결정적 요인이듯이 한국과 비슷한 규모의 유럽 선진국의 발전의 차이도 문화적 요인 때문일 수 있다.

가령 우리보다 더 창의성을 갖고 있거나 융합 능력, 진취성이 뛰어나다는 등의 요인이 분명 존재할 것이다. 이런 문화적 차이를 발견해 내는 것은 미래 발전의 동인을 파악하고 전략을 수립하는 데 있어서 매우 중요하다.

경제가 지배적 가치였던
산업화 시대

산업화 시대에는 경제가 사회를 지배했다. 그것은 이론의 여지가 없는 엄연한 사실이었다. 경제성장은 사회발전의 원동력이었다. 모든 가치는 성장으로부터 시작되었고, 성장은 절대적 가치였다.

보통 발전의 초반 단계에서는 양적 측면이 중요하고, 발전이 어느 정도 진행되면 질적 측면이 중요해진다. 후진국이나 중진국에서는 절대빈곤이 문제가 되지만 선진국으로 갈수록 상대적 빈곤이 이슈가 된다. 산업화 과정도 초기에는 산업생산력을 갖추고 대량생산 체제를 만드는 일에 집중한다. 처음부터 기업 간 경쟁이나 독과점이 문제되지는 않는다.

당장 먹을 것이 부족하던 보릿고개 시절에는 절대빈곤 해결이 가장 큰 과제였다. 그러니 자본주의든 사회주의든 의식주 해결을 체제의 최우선 과제로 내세울 수밖에 없었다. 예로부터 우리나라는 동방예의지국으로서 예의를 매우 중요하게 여겨 '의식주'라는 용어를 사용해 왔다.

한편 북한은 의식주가 아니라 '식의주(食衣住)'라고 쓰고 있다. 북한도 원래 의식주라고 썼지만 1980년대 중반 경부터 먹고사는 문제가 힘들어지면서 김일성의 지시에 의해 식의주로 고쳤다고 한다. 1993년 발간된 김일성 저작집 제39권에 "김일성이 1985년 10월 정무원 책임일꾼들과의 담화에서 사람들이 살아나가는 데서 먹는 문제가 제일 중요하다. 옷이나 집 같은 것은 부족해도 좀 참을 수 있지만 배고픈 것과는 타협할 수 없다. 나는 사람들의 생활에서 먹는 문제가 중요하기 때문에 '의식주'라는 말을 '식의주'라고 고쳐 쓰도록 하였다"는 이야기가 나온다.[8]

미국에서도 생존의 기본문제를 'food, clothing and shelter (식의주)'로 표현하는 걸 보면 먹는 문제가 가장 우선일 것이다. 이는 선진국, 후진국의 문제도 아니고, 체제 문제도 아니다. 미국의 심리학자 매슬로(Abraham H. Maslow)는 그 유명한 '욕구 5단계설'을 주장했는데, 인간의 욕구가 가장 기본적인 1단계부터 가장 높은 5단계까지 5단계의 층위로 구성된다는 이론이다.

---

[8] 미주 세계일보. http://www.sgtusa.com/detail.php?number=8003&thread=22r05r03

1단계는 생리적 욕구(physiological needs) 단계로서 인간의 가장 기본적 욕구이며 의식주 및 성욕 등이 이에 해당한다. 2단계는 안전과 보호, 경제적 안정, 질서 등에 대한 안전 욕구(safety needs), 3단계는 사회적 동물로서의 소속감, 애정 등 사회적 욕구(social needs), 4단계는 스스로 자신을 중요하게 느끼고 타인에게도 인정받고자 하는 존경 욕구(esteem needs), 마지막 5단계는 성장, 자아실현 등으로 자신의 잠재 가능성을 실현하려는 자아실현 욕구(self-actualization needs)라고 설명했다.

매슬로는 인간 욕구는 우선순위가 있고 가장 낮은 단계의 욕구에서 높은 단계의 욕구로 순차적으로 발생한다고 보았다. 여하튼 의식주에 대한 욕구는 인간의 생존에서 가장 기본적인 욕구다.

인간의 역사는 어찌 보면 의식주 등 생존 문제를 해결해온 역사다. 수렵, 채취, 동굴 기거의 원시시대부터 농업혁명, 산업혁명을 거치며, 인간의 생존 문제를 해결하면서 물질적 풍요를 추구해 왔다.

하지만 물질적 풍요를 어느 정도 이룬 자본주의가 무한한 양적 성장으로 이어지지는 않았다. 또한 자본주의 발전이 인간사회의 모든 모순을 해결할 수도 없었다. 자본주의 발전과정에서 나타난 실업, 빈부격차 같은 고질적 모순들은 경제체제를 심각하게 위협하기까지 했다.

발전된 자본주의 국가에서는 스스로 자본주의를 철폐하려는 노동운동이 격렬하게 일어났다. 평생 자본주의 기제를 연구했던 마르크스도 자본주의는 착취 구조라는 본질적 모순 때문에 스스로의 무덤을 파는 체제라 확신했고, 가장 발전된 자본주의 국가에서 먼저 공산주의 혁명이 일어날 거라고 예견했다.

하지만 그 예견은 완전히 빗나갔다. 역사는 마르크스의 예견처럼 움직이지는 않았다. 사회주의 혁명은 프랑스, 독일 등 선진 자본주의 국가에서 모두 실패했고, 오히려 서유럽에 비해 자본주의 발달이 현저하게 뒤처졌던 러시아에서 성공했다.

러시아에서 사회주의 체제가 출범한 것은 자본주의 진영에게 큰 충격이었다. '자본주의가 아닌 대안 체제'가 이론이 아니라 현실로 나타났고, 또한 초창기 사회주의는 자본주의의 모순을 어느 정도 해결하는 것처럼 보였기 때문이다. 사회주의 체제에서는 국가가 직업을 정해주고 최소한의 식량도 배급해 주었기 때문에 얼핏 보면 먹고사는 걱정 없는 인민의 천국처럼 보였을 수도 있을 것이다. 물론 자세히 들여다보면 적게 먹고 함께 굶주림을 이겨야 했던 전체주의적 체제였지만 말이다.

어쨌건 충격을 받은 자본주의 진영의 경제학자들은 분배나 복지, 정부 개입, 규제 등 보완적 수단을 강구하기 시작했다. 자본주의 체제가 복지나 계획경제정책을 도입한 것은 경쟁적 대안체제였던 사회주의의 영향 때문이었다. 이는 수요와 공급의 균형, 보이지 않는 손(invisible hand)에 의한 자율 조정 등 시장원리에 따라 무한히 발전하리라 믿었던 고전적 자본주의 이론에 대한 전면적인 수정이었다.[9] 이른바 수정자본주의가 등장한 것이다.

---

9 자본주의는 개념적으로 '이윤추구를 목적으로 자본이 지배하는 체제'이다. 두산백과사전에 의하면, 자본주의의 특징은 ① 사유재산제에 바탕을 두고 있다는 것 ② 모든 재화에 가격이 성립되어 있다는 것 ③ 이윤 획득을 목적으로 하여 상품 생산이 이루어진다는 것 ④ 노동력이 상품화된다는 것 ⑤ 생산은 전체로서 볼 때 무계획적으로 이루어지고 있다는 것 등이다(http://100.naver.com/100.nhn?docid=31520). 수정자본주의는 큰 틀에서는 자본주의의 원칙으로부터 벗어나지 않지만 생산이나 고용 시장에 국가가 적극 개입해 계획경제의 요소를 도입하고 있다는 점에서는 자본주의에 대한 근본적 수정이라고 볼 수 있다.

자본주의 vs 사회주의, 수정자본주의의 대두

　수정자본주의는 국가 개입을 통해 자본주의의 고질적 모순을 해결하고 자본주의의 지속 발전을 도모하려는 일련의 흐름이다. 뉴딜정책, 케인스학파, 복지국가론, 바이마르 헌법, 경영자 혁명론 등은 모두 수정자본주의이다.

　1929년은 자본주의 역사에서 대사건이 있었던 해다. 1929년 10월 24일 목요일, 뉴욕 주식시장 주가의 대폭락으로 시작된 경제 불황은 미국 전역으로 확산되었고, 연쇄적 세계공황으로 이어졌다. 이날을 '검은 목요일'이라 부른다.

　몇 년 전 예술의 전당에서 미국 희곡의 고전, 아서 밀러의 〈세일즈맨의 죽음〉을 연극으로 관람한 적이 있다. 평생 세일즈맨으로 살다가 말년 실적이 떨어져 잉여인간으로 내몰리는 한 가장의 삶의 애환을 그린 연극인데, 시대적 배경이 바로 미국의 경제대공황이었다. 대공황은 역사적으로 자본주의 체제가 맞은 최대의 위기상황이었고, 당시 후버 대통령의 필사적 노력에도 불구하고 위기를 이겨낼 수는 없었다.

1932년 대통령선거에서 민주당 프랭클린 루스벨트는 경제사회 재건, 빈궁과 불안에 떠는 국민의 구제 등을 새로운 정책으로 주창한다. '잊혀진 사람들을 위한 뉴딜(New Deal : 신정책)'을 약속한 루스벨트는 결국 공화당의 후버를 누르고 대통령에 당선됐고, 경제공황을 극복하며 연속으로 연임에 성공한다. 그는 미국 역사상 유일무이한 4선 대통령이다.

루스벨트는 공황 극복을 위해 '뉴딜정책'을 추진했다. 긴급은 행법으로 회생 가능한 은행에 대부를 해주고, 금본위제를 철폐하고, 통화에 대한 규제를 강화하고, 농산물 과잉생산을 제한했다. 또한 산업부문별 과다 경쟁을 규제하고, 단체교섭권·최저임금 등을 인정해 고용을 안정화했으며 테네시강 다목적 댐을 건설해 정부가 전력산업을 주도하는 등의 정책을 단행했다.

뉴딜정책(1933~1936)이라 불리는 이 정책은 정부가 시장, 산업, 금융, 생산, 경쟁, 고용 등 제반 부분에 적극 개입해 자본주의 경제에 대한 일대 수정을 가했던 시도였기에 자본주의 역사에서 큰 의의를 갖는다. 자본주의 사회는 개인 간의 자유로운 경쟁과 시장경제로 이루어지는데, 국가가 개인과 시장에 개입해 조정자 역할을 하기 시작한 것이다.

지난 문재인 정부가 추진했던 한국판 뉴딜정책은 1930년대 루스벨트 정부의 뉴딜정책을 4차 산업혁명 시대의 한국에 적용한 버전이라고 할 수 있다.

2020년 7월 정부는 문재인 대통령이 주재하는 국민보고대회 형식으로 디지털 뉴딜, 그린 뉴딜, 휴먼 뉴딜 등으로 구성된 한국형 뉴딜정책의 전략과 과제를 발표하고 신종 코로나바이러스 감염증의 충격을 극복하고 디지털 대전환 시대의 미래 먹거리를 창출하겠다는 원대한 비전을 제시했다. 미국의 뉴딜정책이나 한국형 뉴딜정책은 경제를 시장논리에 완전히 맡기지 않고 정부가 직접 나서 경기를 부양하고 총수요를 진작시켜 경제위기를 타개해 나가겠다는 정책이다.

뉴딜정책의 이론적 지침은 바로 케인스 이론이다. 영국의 경제학자 케인스는 자유방임적 자본주의의 모순을 지적하며, 자신의 대표적 저서 《고용·이자 및 화폐의 일반이론(The General Theory of Employment, Interest and Money, 1936)》에서 '완전고용을 실현·유지하기 위해서는 자유방임주의가 아니라 소비와 투자 등 유효 수요를 확보하기 위한 정부의 공공지출이 필요하다'고 강력하게 주장했다.

케인스 이론은 이후 수정자본주의의 이론적 토대가 되었다.

영국에서는 2차 세계대전 후 '요람에서 무덤까지(from the cradle to the grave)'라는 슬로건을 내걸고 국가가 사회보장제도를 통하여 국민의 최저생활을 평생 보장함으로써 국민생활의 불안을 해소하려 했던 복지국가정책이 본격화되었다.

1차 세계대전 패전으로 대재앙을 맞은 독일은 1919년 보통선거, 평등선거, 비례선거로 국민의회를 구성하고 19세기적 자유민주주의를 기본으로 20세기적 사회국가의 이념을 취한 '바이마르 헌법'을 공표했다. 바이마르 헌법은 근대 헌법으로는 처음으로 소유권의 사회성, 재산권 행사의 공공복리 적합성, 인간다운 생존권 등을 명시해 20세기 헌법의 전형(典型)이 된 법이다.

뉴욕대학교 철학교수이자 사회평론가였던 제임스 버넘(James Burnham)[10]은 1941년 《경영자 혁명(The Managerial Revolution)》을 통해 자본주의적 사회 형태가 쇠퇴하면 마르크스주의적 사회주의가 아니라 생산수단을 실질적으로 운영하는 경영자가 지배하는 '경영자 사회(managerial society)'가 올 거라는, 이른바 경영자 혁명론을 주창했다. 이런 일련의 수정자본주의 이론들은 한편으로는 1917년 러시아혁명으로 나타난 대안 모델인 사회

---

10 제임스 버넘(1905~1987)은 미국의 대중적인 정치이론가이며, 저서 《경영자 혁명》으로 유명하다. 일리노이주 시카고 태생으로 1930년대 초반에는 미국노동자당 당원이었고 급진적 트로츠키주의운동의 리더로 활동하기도 했으나 마르크스주의와 결별하면서 경영자 혁명론을 발표했고 이후 보수주의운동의 이론가로 활동했던 인물이다.

주의에 대한 반작용으로서의 의미를 갖는다.

역사상 처음으로 사회주의 사회가 출현함으로써 자본주의와 사회주의 간의 경쟁이 시작되었고, 각각의 경제 레짐(régime)[11]은 한편으로는 상대 체제에 대해 비판을 하면서도 다른 한편으로는 상대방의 장점을 은연중에 도입하기 시작했다. 자본주의는 사회주의로부터 분배와 평등의 개념을 부분적으로 받아들였고, 사회주의는 자본주의로부터 역동성과 자유시장의 개념을 제한적으로 수용했다. 상반된 두 체제는 서로 간의 거리를 좁혀가며, 이른바 체제 간 수렴(convergence)을 시도한다. '미워하면서도 서로 닮는다'는 속설은 체제 대립에서도 적용되었다.

가만 생각해보면 자본주의와 사회주의는 둘 다 경제 체제다. 또한 모든 것을 생산과 분배 등 경제 관점에서 보고 있다는 점에서는 차이가 없다. 소유나 생산방식이 다를 뿐, 둘 다 경제결정론 관점에 서 있다. 체제 경쟁은 본질적으로는 경제 전쟁이었던 것이다.

수정자본주의 흐름이 나타나면서 경제정책 노선은 복지주의와 신자유주의로 갈라졌고 이후 성장론자와 분배론자 간에 끝없는 논쟁이 이어졌다. '먼저 파이를 키워놔야 나눠먹을 것이

---

11 레짐(régime)은 프랑스어로 '제도', '체제' 등을 의미한다. 프랑스혁명을 전후해 이전의 체제를 앙시앵 레짐(구체제)이라 일컬었다. 요컨대 레짐은 근본적인 사회질서를 가리킨다.

많아진다'는 성장론자와 '상대적 빈곤이나 경제 정의가 더 큰 문제이므로 분배를 통해 삶의 질을 골고루 높여야 한다'는 분배론자는 상반된 관점을 갖고 있지만, 크게 보면 둘 다 경제 관점에서 사회를 바라본다는 점에서는 다를 바가 없다. 분배나 성장은 모두 경제 영역이다. 사회과학의 그 어떠한 흐름도 경제결정론의 성역으로부터는 벗어나지 못했던 것이다.

1960년대 말에서 1970년대에 이르자 서구 사회는 전에 없는 고도성장을 이루기 시작한다. 이 시기는 서구 자본주의가 자신의 물질적 토대를 다지는 시기였다. 2차 세계대전의 전범국가인 독일과 일본, 그리고 승전국이었지만 전쟁 피해가 엄청났던 프랑스도 1970년대 들어 선진국으로서의 물적 기반을 닦는 데 성공했다.

서구 자본주의 사회에서는 물질적 풍요와 함께 사회저변으로부터 큰 변화의 물결이 감지되었다. 첨단과학기술 발달과 함께 정보화 혁명이 이뤄지면서 새로운 사회의 도래를 예고하기 시작한 것이다.

이때 등장한 담론이 바로 '포스트산업사회(post-industrial society)론'이다. '후기산업사회론'이라는 용어를 사용하는 사람도 있지만, 엄밀하게 따져보면 잘못된 번역이다. 포스트(post)는 '이후(after)'를 뜻하므로 포스트산업사회는 '산업사회 이후의 사회'를 말하는 것이지 '산업사회의 후기 또는 후반기'를 의미하지는 않는다. 산업사회에 전반기, 중반기, 후반기가 있는 것이 아니라 산업사회가 끝난 이후에 오는 사회가 포스트산업사회다. 따라서 포스트산업사회 또는 탈(脫)산업사회라고 하는 것이 맞다.[12] 포스트산업사회는 사회적 징후나 문화적 현상 등 여러 가지 면에서 산업사회와는 질적으로 다른 사회다.

코로나19 위기에서 학계, 언론계나 전문가들은 포스트 코로나 시대를 화두로 제기했는데, 포스트 코로나 역시 코로나19 바이러스 감염증이 종식된 이후의 사회를 말하는 것이지 코로나 팬데믹의 후기나 후반기를 의미하는 것이 아니다.

---

12 마찬가지 논리로 post cold war은 '후기 냉전'이 아니라 '포스트 냉전' 또는 '탈냉전'이라고 번역한다.

알랭 투렌과 다니엘 벨의
포스트산업사회론

프랑스 사회학자 알랭 투렌(Alain Touraine)은 대표적인 '포스트산업사회'론자다. 1969년 그는 《포스트산업사회 : 한 사회의 탄생(La société post-industrielle : Naissance d'une société)》이라는 책을 출간하면서 산업사회의 종말을 고하고 새로운 사회, 즉 포스트산업사회 탄생을 선언했다.

알랭 투렌은 프랑스 최고의 엘리트 학교 '파리고등사범학교(에콜 노르말 쉬페리에르)' 출신이며, 사회운동과 사회변동 문제를 주로 연구한 학자다. 피에르 부르디외, 에드가 모랭과 함께 현대 프랑스 사회학의 3대 거장으로 손꼽힌다.

부르디외와 투렌은 둘 다 에콜 노르말 쉬페리에르 출신이다. 프랑스의 고등교육제도는 평등, 대중화를 지향하는 일반 대학과 우월성, 영재를 강조하는 엘리트 학교 그랑제콜(Grandes

Écoles : 프랑스어로 '큰 학교'라는 뜻)로 완전히 이원화되어 있다. 파리고등사범학교, 국립행정학교, 에콜 폴리테크니크 등이 프랑스 엘리트의 산실인 그랑제콜의 대표적인 학교들이다. 참고로 프랑스에서 가장 오래된 대학인 소르본대학교(파리 4대학)는 그랑제콜이 아니라 일반 대학이다.

각설하고 투렌은 신, 이성, 민족 등 '초민족적 보장'이 사라지고 사회적 행위자들이 사회를 스스로 만들어 가는 방향으로 역사가 진행돼 농업사회, 상업사회, 산업사회를 거쳐 포스트산업사회에 도달했다고 주장했다.

그는 포스트산업사회에 도달하면서 사회적 생산능력은 커졌지만 이것이 사회적 갈등을 통해 이루어진다고 설명한다. 투렌에 의하면, 산업사회에서의 중심적인 갈등은 계급 갈등이며 특히 노동운동을 중심으로 이루어지지만 포스트산업사회에서는 노동운동이 퇴색하고 여성운동, 학생운동, 반핵운동, 지역운동 등 다양한 유형의 '신사회운동(nouveaux mouvements sociaux)'이 부각된다. 기본적으로 투렌은 사회를 사회운동과 갈등이라는 관점에서 보고 있다.[13]

그런데 정작 '포스트산업사회' 개념으로 가장 주목을 받은

---

13 정수복, 알랭 투렌의 비판사회학–노동사회학에서 사회이론까지, 《경제와 사회》 제39권, 1998년 9월, 99~125쪽

이는 미국의 사회학자 다니엘 벨(Daniel Bell)이었다. 벨은 투렌이 1969년에 주창했던 포스트산업사회론을 리메이크한 학자다. 그는 1973년《포스트산업사회의 도래(The Coming of Post-Industrial Society)》라는 책을 통해 자신의 주장을 피력했다. 일반적으로는 다니엘 벨의 포스트산업사회론으로 알려져 있지만, 사실 그 원조는 알랭 투렌이다.

다니엘 벨은 근대화 과정에서 사용하던 산업사회 또는 공업사회라는 개념으로는 1970년대 이후 미국 사회나 다가올 미래 사회를 설명할 수 없다고 주장했다. 다니엘 벨이 설명한 포스트산업사회의 특징을 간추려 보면 다음과 같다.[14]

첫째, 공업과 제조업 중심의 2차 산업이 약화되고, 서비스업을 비롯한 3차 산업의 비중이 커진다. 포스트산업사회화가 진행되면 판매나 유통업 같은 전통적 서비스업보다 무역, 금융, 보험, 부동산 등이 발달한다. 다니엘 벨은 이를 4차 산업이라 불렀고 그 이후에 발달하게 되는 보건, 교육, 레크리에이션 산업은 5차 산업이라 불렀다.

둘째, 직업 분포에서 제조업 노동자와 기술직의 비중이 줄고 전문직, 테크노크라트, 연구직의 비중이 높아진다.

---

14 민경배 지음, 《신세대를 위한 사회학 나들이》, 퇴설당, 1999년, 334~336쪽

셋째, 기계와 관련된 테크놀로지보다는 지적 테크놀로지와 지식의 중요성이 강조되고, 기존의 자본과 노동이 아닌 정보가 핵심자원으로 등장한다. 정보화가 진행되면서 지식, 정보는 고부가가치의 새로운 원천으로 부상하는데, 이 때문에 전문가들은 '정보사회(information society)' 또는 '지식기반사회(knowledge based society)'라는 용어를 사용하기 시작했다.

미래학자 토플러와 리처드 플로리다

1970년대에 접어들면서는 미래학자들의 활동이 두드러지기 시작했다. 그들은 당시의 사회현상과 변화 징후들을 관찰하면서 새로운 미래사회 도래를 예견했다. 가장 유명한 사람은 앨빈 토플러(Alvin Toffler)다.

그는 저널리스트 출신으로 과학, 법학, 문학 등 다방면에 조예가 깊었던 만물박사였다. 1970년에 《미래의 충격(Future Shock)》이라는 제목의 책을 출간해 큰 관심을 불러일으켰다. 금세기 최고 미래학자로 일컬어지는 토플러는 미국 뉴욕대학교를 졸업하고 공장 노동자 생활도 했고 신문기자로도 활동했으며 경제잡지 《포춘(Fortune)》의 편집장과 코넬대학교 객원교수도 역임했다. 그는 무려 다섯 개의 명예박사 학위를 받았다.

토플러를 일약 세계적 스타덤에 올려놓은 것은 두 권의 책이었다.《미래의 충격(1970)》과《제3의 물결(1980)》이다.

《미래의 충격》에서 토플러는 '변화의 속도'에 주목했다. 과학기술의 급속한 발전으로 변화의 주기가 짧아지고 있고, 따라서 기술과 지식이 급변하는 반면 인간의 적응력은 이를 따라가지 못해 충격이 발생한다고 분석했다. 그가 말했던 미래의 충격이란 인간이 변화를 겪을 때 나타나는 '문화의 충격'을 가리킨다.

토플러는 새로운 사회의 특징으로 변화의 가속화와 일상성, 과학기술로 인한 새로움, 다양성 등을 들었다. 기술변화로 겪는 충격보다 문화변화로 겪는 심리적 충격이 더 크다는 사실을 지적한 것은 의미심장하다. 이러한 논의는 이후 2000년대 들어 창조계급론으로 유명한 리처드 플로리다(Richard Florida)[15] 교수에 의해 다시 한 번 제기된다.

우리나라에서는 2002년에 번역, 출간된 플로리다의 《창조적 변화를 주도하는 사람들》의 도입부에 보면 시간여행자 이야기가 나온다. 가령 1900년대 사람을 1950년대에 떨어뜨려 놓고, 또 1950년대 사람을 2000년대로 이동시켜 놓았을 때 누가 더 큰 변화를 겪게 될까라는 것이다. 얼핏 생각하면 전자일 것 같

---

15 플로리다는 카네기멜론대학교의 경제개발학 교수를 지냈으며 현재는 토론토대학교 로트먼 경영대학원 교수로 있다. 2002년 6월 《The Rise of the Creative Class》를 출간해 엄청난 반향을 불러일으켰다. 이 책은 우리나라에서는 《창조적 변화를 주도하는 사람들》이라는 제목으로 출간되었다.

다. 그 반세기 동안의 물질적 변화가 워낙 컸기 때문이다.

 말이 끄는 마차 대신 자동차와 트럭, 버스가 도로를 메우고 도시에는 거대한 빌딩이 들어서고 하늘에는 비행기가 날아다닌다. 집안에는 오디오, 텔레비전, 냉장고, 세탁기 등 예전에는 상상조차 할 수 없었던 문명의 이기들로 가득하다. 1900년부터 1950년까지의 물질적 변화는 깜짝 놀랄 만하다. 하지만 그는 새로운 발명품이나 기계, 물질적 환경의 변화에 얼마 지나지 않아 금방 적응하게 될 것이다.

 반면 1950년대 사람은 2000년대에 머물면 머물수록 점점 변화가 철저하고 근본적임을 깨닫게 된다. 똑같이 50년이라는 기간이지만 변화의 질과 폭은 큰 차이가 있다. 첫 번째 시간여행자가 주로 기술적 변화를 겪었다면, 두 번째 시간여행자는 생활양식과 세계관의 변화를 경험하게 된다.

 현대인들은 안정적 직업보다는 자율을 택하고 변덕스럽고 불규칙한 스케줄에 따라 생활한다. 보다 근본적 변화는 물질적 변화가 아니라 생활양식과 가치관, 트렌드의 변화이다. 산업적 측면에서도 핵심 이슈는 '얼마나, 몇 시간을 일하느냐가 아니라 시간을 얼마나 집중적으로 활용하고 얼마나 창조적 자극과 경험을 이용할 줄 아는가 하는 것'이라고 플로리다는 강조한다.[16] 문화적 변화가 더욱 근본적임을 갈파한 토플러와 플로리다는 문화의 무게와 변화의 본질을 제대로 꿰뚫어 본 것이다.

다시 토플러로 돌아가자. 토플러는 1980년 《제3의 물결》로 다시 한 번 미래학자로서의 입지를 공고히 했다. 알랭 투렌과 다니엘 벨이 포스트산업사회라고 불렀던 것을, 토플러는 정보화혁명으로 특징지어지는 '제3의 물결'이라 규정했다.

농업혁명으로 인한 수렵·채집사회에서 농경사회로의 변화가 제1의 물결이고, 산업혁명으로 인해 농경사회가 산업사회로 이행한 것이 제2의 물결이다. 탈대량화, 다양화, 지식기반 생산, 정보혁명 등으로 산업화사회에서 포스트산업사회, 정보화사회로 변화하고 있는 것은 제3의 물결이라는 것이다.

토플러의 아내 하이디 토플러 역시 미래학자다. 그녀 역시 법학, 문학 등의 분야에서 명예박사 학위를 받았고, 사회사상에 대한 업적을 인정받아 '이탈리아 공화국 대통령 메달'까지 받았다. 2006년 토플러 부부는 《Revolutionary Wealth》라는 제목의 책을 공동으로 냈는데, 우리나라에서는 《부의 미래》라는 제목으로 번역, 출간되었다.

미래학자 토플러 부부는 우리 삶을 송두리째 바꿔놓을 혁명적 부에 대해 설명하면서, 오늘날의 변화는 개인, 기업, 조직, 가

---

16 리처드 플로리다 지음, 이길태 옮김, 《창조적 변화를 주도하는 사람들》, 전자신문사, 2002년, 17~21쪽

족, 정부 등 모든 시스템과 삶의 방식을 바꾸고 새로운 가치를 창조해낼 것이라고 말했다. 토플러는 책의 서두에서 두뇌 중심의 지식경제가 엄청난 영향을 초래할 것이라고 하면서 부의 창출에서 지식의 중요성을 강조했다.[17] 무엇보다 그의 통찰력은 더 근본적인 변화는 기술 분야가 아닌 가치나 문화 분야에서 일어날 것임을 갈파한 데서 돋보인다.

지식과 정보가 중요 자원으로 부각되고 산업사회와 다른 징후들이 나타나면서 전통적 경제 관점으로 사회를 바라보는 데 한계가 있다는 문제의식이 제기되기 시작했다. 유형자산보다 무형자산이 중요해졌고, 사람들이 지식, 정보, 취향, 상징, 가치 등 새로운 요소에 주목하기 시작한 것이다.

사회문화적 측면에서 볼 때 이런 변화는 삶의 방식에 큰 변화를 가져다주었다. 특히 노동시간이 줄고 여가시간이 늘면서 레저와 문화 활동에 대한 관심이 급격히 높아졌고, 빠른 사회변동, 삶의 질 제고와 함께 인간다운 삶을 지향하는 문화가 시대적 화두가 되었다.

---

17 앨빈 토플러 · 하이디 토플러 지음, 김중웅 옮김, 《부의 미래》, 청림출판, 2006년

노동시간과
문화의 상관관계

노동시간과 문화 활동은 분명 상관관계가 있다. 노동시간이 길면 상대적으로 여유시간이 짧아 문화 활동이 왕성하지 못하지만 노동시간이 줄면 문화 활동을 위한 여유시간이 늘어난다.

자본주의 초창기, 노동운동이 태동하던 19세기 초의 노동자들은 '8시간 자고 8시간 일하고 8시간 인간다운 생활을 한다'는 이상을 꿈꾸었다. 하루 24시간 중 노동하는 8시간은 경제 영역이고, 인간다운 생활을 하는 8시간은 인간을 다른 동물과 구분해주는 문화 영역이라 할 수 있다.

한 국가의 경제 규모를 가늠하는 명목 GDP를 기준으로 보면 2019년 현재 미국이 21조 4천억 달러로 1위, 중국이 14조 3천억 달러로 2위, 일본이 5조 달러로 3위, 독일이 3조 8천억 달러로 4위다. 그 뒤를 이어 영국, 프랑스, 이탈리아, 캐나다, 러시아

순이다. 우리나라는 1조 6천억 달러로 러시아에 이어 세계 10 위다. 세계 10위권 경제대국임에도 불구하고 임금근로자의 연간 노동시간은 경제협력개발기구(OECD) 회원국가 중 최하위권이다. 경제성장과 함께 근로시간은 해마다 줄고 있기는 하지만 선진국과 비교하면 여전히 큰 차이를 보이고 있다.

　2019년 12월 18일 통계청이 발표한 '2019년 일·가정 양립 지표'의 통계치를 보면 우리나라 임금근로자의 연간 근로시간은 2018년 기준 1,967시간으로 전년에 비하면 29시간 감소했다. 하지만 독일(1,305시간), 일본(1,706시간), 그리스(1,733시간), 미국(1,792시간) 등 다른 국가에 비해선 여전히 장시간 근로를 하는 것으로 조사됐다. OECD 국가 중 근로시간이 가장 적은 독일과 비교하면 우리나라 직장인들은 연간 662시간 일을 더 많이 하는 셈이다. 37개 OECD 회원국들 중 우리나라보다 근로시간이 긴 나라는 멕시코(2,347시간), 칠레(1,999시간)뿐이다.[18]

　노동과 문화의 상관관계에 비춰볼 때 노동시간이 긴 만큼 우리나라 국민의 문화 활동은 선진국에 비해 활발하지 않음을 미루어 짐작할 수 있다. 하지만 우리 사회도 변화하고 있다. 문화에 대한 인식 제고와 함께 '문화는 사회발전의 토대일 뿐 아니

18　디지털타임스 온라인판, 2019년 12월 18일

라 경제성장에도 큰 영향력을 미친다'는 주장에 힘이 실리기 시작했다. 문화산업이 경제의 중심으로 이동하고 있는 사회를 리처드 플로리다, 피터 드러커 같은 석학들은 창조사회 또는 창조경제라 이름 붙였다. 문화콘텐츠산업이나 문화경제가 미래가 밝은 영역으로 각광받기 시작한 것이다.

오늘날 문화콘텐츠는 부가가치의 원천으로 주목되고 있고, 문화산업은 미래의 신성장엔진으로 인식되고 있다. 경영학의 구루 피터 드러커는 "21세기는 문화산업에서 각국의 승패가 결정될 것이고, 최고 승부처 역시 문화산업"이라고 갈파했다. 문화에 대한 인식이 바뀌면서 고전적 자본 개념에도 변화가 나타나고 있다. 문화강대국 프랑스에서는 1970년대부터 문화에 대한 연구가 본격화되었다.

피에르 부르디외는 1970년 장 클로드 파스롱과의 공저《재생산(La Reproduction)》에서 '문화자본'이라는 개념을 처음 제기했다. 이 책에서 부르디외는 학교의 독립성과 중립성은 환상이며 학교 교육은 불평등한 문화자본을 가진 사회계급을 재생산하고 기존질서를 정당화하는 제도라 비판한다. 여기에서 우리는 '문화자본'이라는 개념에 주목해야 한다.

문화는 미래 변화의 트렌드를 읽는 데 있어서 가장 중요한 코드다. 문화는 삶의 질의 문제일 뿐만 아니라 가치와 부가가치를 창출하는 경제적 동인으로도 중요하다. 가치라는 관점에서 보면 문화는 인간적 가치, 사회적 가치, 경제적 가치 등 다면성을 가진다.

경제적 관점만으로 사회를 해석하는 고전적인 패러다임은 문화 변화를 기반으로 하는 새로운 패러다임에 의해 보완 또는 대체되고 있다. 삶이 윤택해지면 문화적 관심이 높아지고 여가 시간이 늘어나면 문화 활동이 활발해진다. 잘사는 나라에서는 문화산업이 발달하고 문화소비가 늘어날 수밖에 없다.

문화산업으로 제2의 산업혁명 꿈꾸기 시작한 영국

원래 영국은 최소 정부와 자유주의를 주창해온 전통적인 자유방임(laissez-faire)[19] 국가다. 정부가 시장이나 시민사회에 대해 최소한만 개입하는 것을 원칙으로 삼아왔다.

문화예술정책에서도 이른바 '팔 길이 원칙(arm's length principle)'을 고수해왔다. '팔 길이만큼 거리를 둔다'는 것은 곁에는 두되 적절한 거리를 유지한다는 뜻이다. 문화예술에 대한 지원에서 국가가 직접 개입하지 않고 공적 지원과 관련된 권한을 민간부문에 양도(devolve)해 간접적으로 지원함을 의미한다. 지원은 하되 간섭은 하지 않는 영국 문화정책의 기조가 창조산업과 함께

---

19 'laissez-faire(레세-페르)'는 프랑스어로 '하는 대로 내버려둬라'는 뜻이다. 자유방임주의는 개인의 경제활동 자유를 최대한으로 보장하고, 국가의 간섭을 최대한 배제하려는 경제정책 사조다.

일대 변화를 일으키기 시작했다.

산업혁명의 발상지이자 초기 자본주의를 주도했던 영국은 한 때는 해가 지지 않는 제국이었고 세계의 공장이자 세계사의 중심이었다. 하지만 영원한 제국은 없는 법. 20세기 들어 국력이 쇠퇴하면서 영국은 위기에 직면했고, 정보화혁명에서도 주도적 위치를 차지하지 못하고 정체가 계속되자 21세기 부흥의 돌파구를 문화에서 찾기 시작했다. 영국 정부는 문화의 핵심요소인 창조성을 산업과 접목해 부가가치의 원천으로 육성하겠다는 정책을 내세웠다.

1997년 노동당의 토니 블레어 총리가 이끄는 영국 정부는 '창조산업(Creative Industry)'이라는 용어를 사용하기 시작했다. 2000년에는 디지털콘텐츠 육성계획을 발표했으며 창조산업추진반, 창조산업진흥자문단 등 범정부 차원의 전담기구를 대대적으로 설립했다. '창조 영국(Creative Britain)'이라는 정책 슬로건도 내걸었다.

영국 정부는 단순히 예술활동에 정부나 단체의 보조금을 지원하는 것이 아니라 문화를 통해 가치를 높임으로써 비즈니스의 효율성을 향상시키는 방식으로 창조산업 진흥을 꾀하고 있다. 문화산업에 대한 정부 차원의 적극적 지원으로 영국은 제2의 산업혁명을 꿈꾸었고, 그들의 문화정책은 서서히 효과를 거

두고 있다.

영국 창조산업은 2003년 기준으로 영국 전체 부가가치(GVA : Gross Value Added) 5,650억 파운드의 8%를 차지했는데, 이는 제조업보다는 낮지만 관광업보다는 높다. 영국의 문화 주무부처인 문화미디어스포츠부(DCMS)에 의하면, 창조산업은 1997년에서 2002년 사이 전체 경제성장률 3%의 두 배인 6% 성장을 이루었다. 영국 창조혁명을 이끌었던 것은 디자이너, 콘텐츠 프로듀서, 건축가, 영화예술인 등으로 이들은 세계의 문화트렌드를 주도했다. 특히 영국의 디자인 경쟁력은 세계 최고 수준으로 올라섰다. 홍콩 첵랍콕 공항을 설계한 노먼 포스터, 애플 아이팟을 설계한 조너선 아이브, 독특한 디자인 의자로 유명한 론 아라드, 천재적 감각의 디자인으로 디자인산업을 부흥시킨 콘란 등은 모두 영국인이다. 이들 창조적 영국인들은 세계 디자인의 흐름을 이끌었다.[20]

런던은 도시별 국내총생산(GDP)에서도 세계 문화의 수도 파리를 제치고 1위로 올라섰다. 세계적인 컨설팅사 PWC(프라이스워터하우스쿠퍼스)가 발표한 세계 주요 도시의 창조적 지식 자원 순위(2007년 기준)에서 런던은 1위이다. PWC사는 대학 졸업자수

---

[20] 최연구 지음, 《노블레스 오블리주 혁명 : 유럽의 거울로 보는 한국의 미래》, 한울, 2007년, 223~225쪽

비율과 연봉, 세계 수준의 대학, 도시에 살고 있는 노벨상 수상자 등을 점수화해 창조적 지식 자원 순위를 매겼다. 런던이 23점으로 1위를 차지했고 파리가 22점으로 2위이며, 일본 도쿄(19점), 미국 뉴욕(18점), 캐나다 토론토(17점), 미국 애틀랜타(15점)가 그 뒤를 이었다.[21] 영국의 풍부한 문화적 자산 덕분이기도 하지만 영국 정부가 창조산업을 중심으로 지속적인 문화지원정책을 펴온 결실이라고 할 만하다.

세 번 연속 집권한 토니 블레어 총리는 만 10년 만인 2007년에 퇴임하였다. 후임 총리에는 노동당의 제임스 고든 브라운이 선출되었다. 고든 브라운 총리는 10년 이상 계속된 창조산업정책을 계승하며 지속적 문화산업 진흥을 추진했다.

2010년에는 정치적으로 큰 변화가 일어난다. 총선에서 보수당이 노동당을 누르고 승리했고, 자유민주당과 연립정부를 구성하여 13년 만에 정권교체를 이룬 것이다. 보수당 당수 데이비드 캐머런은 43세의 젊은 나이에 총리로 취임했다. 좌우 정권교체에도 불구하고 캐머런 총리의 문화정책은 토니 블레어, 고든 브라운으로 이어져온 '창조 영국' 정책을 계승했다.

2014년 영국의 창조산업위원회(CIC : Creative Industries Council)

---

21 조선일보, 2009년 1월 5일

는 창조산업의 지속성장과 생태계 조성을 위해 정부-민간 공동의 '창조산업 전략(Create UK)'을 발표했다. 창조산업을 위한 민간전문가와 정부의 공동추진위원회인 CIC는 교육과 훈련, 자본의 접근성, 인프라 구축, 지적 재산 보호, 해외수출·투자유치 등 다섯 가지 목표와 추진계획을 제시했으며 그 구체적 내용은 다음과 같다.22

첫째, 차세대 융합인재 양성을 위한 교육을 추진하고 견습생 제도, 창조훈련 등 경력 시스템을 마련한다.

둘째, 창조산업기업의 자금유치 방법에 대한 지식증대, 금융기관의 창조산업 인식 제고, 자금기회 확대·인센티브 제공 등으로 자본의 접근성을 높인다.

셋째, 통신 인프라 구축, 경쟁력 있는 사업규제·환경 마련, 클러스터 구축 등 인프라를 구축한다.

넷째, 지적 재산권에 대한 국민 이해 제고 및 저작권 보호 등 지식재산보호를 강화한다.

다섯째, 창조산업 수출을 2011년 115억 파운드에서 2020년까지 310억 파운드로 두 배 증대하고 외국인 직접투자를 유치한다.

---

22 한국정보화진흥원(NIA), ICT Issues Weekly, 2014년 7월 11일

영국의 창조산업정책은 국가적 차원에서 추진되고 있고, 대규모 민관협력이 이를 뒷받침하고 있어서 정권교체에도 불구하고 1997년 이래 지금까지 지속적으로 이어져왔다. 물론 정당이나 정권의 이해보다 국가와 국민의 이해, 문화부흥을 통한 국가의 미래를 우선적으로 고려하는 영국 정치문화의 성숙함 때문에 가능한 일이기도 하다.

2016년 6월 23일 세계가 주목하는 가운데 치러진 브렉시트 국민투표에서 영국 국민은 브렉시트 찬성을 택했고, 7월에는 보수당의 테리사 메이가 새 총리에 취임했다. 유럽연합과의 브렉시트 협상안이 연이어 부결되면서 메이 총리는 2019년 6월 사임했고 후임으로는 브렉시트 강경론자인 보리스 존슨 총리가 취임했다. 4년에 걸친 지루한 협상 끝에 유럽연합과 영국 정부는 2020년 12월 브렉시트 협상 최종안의 극적 타결에 이르렀다. 이로써 영국은 유럽연합 단일시장과 관세동맹에서 완전히 탈퇴했다.

브렉시트 이후 영국의 문화산업정책이 어떻게 변화될지는 좀 더 지켜봐야 하겠지만 지금까지 추진해온 창조산업정책이 소기의 성과를 거둔 바 있어 근본적인 변화가 있지는 않을 것이다. 다만 영국은 코로나19 창궐로 엄청난 타격을 입었고, 산업구조 및 사회질서 변화와 문화변동도 예상되므로 그로 인한 문화지원 정책 방향의 변화는 있을 수 있다.

하지만 문화의 속성상 문화정책이나 문화산업은 단기적 정책으로는 성과를 거둘 수 없으며, 일관성과 지속성이 중요하다. 이것이 영국 창조산업정책 사례가 주는 시사점이다.

한국
문화콘텐츠의 도약

우리나라에서 문화콘텐츠라는 용어가 처음 사용된 것은 IMF 금융위기 이후의 일이다. 건국 이래 최대 경제위기라고 일컬어지는 IMF 위기를 맞은 1997년은 공교롭게도 영국이 제2의 산업혁명을 꿈꾸며 창조산업정책을 시작했던 해다.

우리나라는 경제위기 상황을 맞아 정보통신부를 중심으로 '산업화는 늦었지만 정보화는 앞서가자'는 슬로건 아래 정보화에 박차를 가하기 시작했다. 따라서 IT, 인터넷산업이 빠르게 발전했고, 그 과정에서 자연스럽게 디지털콘텐츠에 주목하기 시작했다.

우리나라에서의 문화콘텐츠는 디지털콘텐츠로부터 시작되었다고 할 수 있다. 이즈음 전충헌 코리아디지털콘텐츠연합 대표 같은 1세대의 현장 실무자가 디지털콘텐츠, 문화콘텐츠(cultural content)[23] 등의 용어를 처음 사용했고 점차 문화콘텐츠라는 용어가 상용화되었다.

1990년대 말 문화콘텐츠나 문화산업에 대한 관심이 커지기 시작했고, 1998년 출범한 국민의 정부는 IT(정보기술), BT(생명기술), NT(나노기술), ET(환경기술), ST(우주기술)와 함께 CT(Culture Technology : 문화기술)를 6T로 선정해 미래전략기술로 육성·지원하는 정책을 추진했다.

카이스트대학교 원광연 교수는 1994년 나고야 세계도시산업학술회의에 참가해 '예술의 표현력을 증대시키고 문화산업을 발전시키는 데 필요한 기술'이라는 의미로 '문화기술(Culture Technology)'이라는 용어를 사용했다. 1995년에는 이 대학 교수들이 '디지털문화예술연구회'를 결성했고, 1999년에는《디지털시대의 문화예술》이란 책이 발간되었다. 2002년에는 카이스트대학교에 문화기술 학제전공 과정이 만들어졌고, 2004년에는 CT 중장기 발전계획이 수립되었으며 2005년에는 CT대학원이 만들어졌다.[24]

---

23 우리나라에서는 콘텐츠라는 용어가 주로 사용되고 문화콘텐츠란 용어가 상용화되고 있지만 영어로는 복수형 contents가 아니라 단수형 content가 맞다. 복수형 contents는 '차례, 목차'라는 뜻이 되기 때문이다. 그래서 콘텐츠란 용어는 다소 한국적인 개념이라고 이해하는 것이 맞다.

24 한국과학기술원 문화기술대학원 뉴스레터, 2008년 6월, VOL.3, NO.6

현장 실무전문가들과 학계의 담론이 정부의 산업정책에 영향을 미쳤고, 결국 차세대 성장동력이자 발전 전략의 하나로 CT가 채택될 수 있었던 것이다. 2002년에는 문화기술과 문화산업 진흥을 목적으로 하는 '한국문화콘텐츠진흥원(KOCCA)[25]'이 설립되었다. 담론에서 정책으로 이어지는 이런 일련의 과정은 현장과 학계의 논의가 얼마나 중요하며 실제 정책과도 밀접한 연관을 갖고 있음을 보여주는 사례다.

원광연 교수의 정의에 의하면, 문화기술은 '인간의 삶(의, 식, 주, 문화, 예술)에 대한 디지털적(계산학적) 접근을 시도하는 것'이다. 문화콘텐츠산업 진흥 중심기관으로 설립된 한국문화콘텐츠진흥원은 문화기술을 영화, 애니메이션, 캐릭터, 만화, 음악, 공연, 방송 및 에듀테인먼트, 게임, 인터넷콘텐츠와 모바일콘텐츠 등 이들 문화콘텐츠를 포함한 문화산업을 발전시키고 인간의 삶의 질을 향상시키는 제반 기술로 정의했다.[26] 문화기술은 문화콘텐츠상품의 기획·제작·유통·소비 등과 관련된 기술이라 할 수 있다.

---

[25] 한국문화콘텐츠진흥원은 이명박 정부 때(2009년 5월 7일) 문화산업의 진흥발전을 효율적으로 지원하기 위해 문화산업진흥기본법 31조에 의거해 한국게임산업진흥원, 한국방송영상산업진흥원 등과 함께 통합, 확대개편돼 지금의 한국콘텐츠진흥원(KOCCA : Korea Creative Content Agency)이 되었다(www.kocca.kr 참조).

[26] BBC(경제경영서 저자들의 모임) 엮음, 《경제의 최전선을 가다》, 리더스북, 2007년, 490~491쪽

문화산업에 대한 관심이 높아지면서 대학에서도 문화콘텐츠나 문화기술을 전공하는 학과가 생겨나기 시작했다. 학부보다는 대학원 과정 중심으로 만들어졌다. 문화콘텐츠산업 수요가 늘어나면서 전문적인 문화인력 수급의 필요성이 제기되었기 때문이다. 카이스트대학교 CT대학원이 대표적이다. 한국외국어대학교 일반대학원 문화콘텐츠학과(현재는 글로벌문화콘텐츠학과), 중앙대학교 첨단영상대학원, 서강대학교 영상대학원 등은 카이스트대학교 CT대학원보다 먼저 설립되었다.

대학에서 전문인력 양성을 위한 학과가 생겼다는 것은 큰 의미가 있다. 시장이나 산업의 수요가 창출되고 있음을 뜻하기 때문이다.

시장 수요나 산업구조 변화에 의해 새로운 산업 영역이 창출되더라도 이 분야를 전문적으로 이끌어갈 인력 수급이 뒷받침되지 않으면 지속적인 산업발전이 가능하지 않다. 기업이 요구하는 인력을 양성하고 배출하는 것도 대학의 역할과 기능 중하나다. 문화산업의 발전은 문화산업에 대한 정책적 지원, 기업의 적극적 R&D 투자, 문화산업 전문인력 양성 등이 유기적으로 연계되어야만 가능하다.

2005년 설립된 카이스트대학교 CT대학원의 경우는 기술과 문화의 결합이라는 본래 취지를 기술지향적 관점에서 추구할 수 있는 역량 있는 연구자와 전문인력을 양성하기 위해 만들어졌다. 2005년 문화체육관광부와 과학기술부의 MOU(양해각서)를 통해 문화와 기술 결합을 통한 융합인재 양성을 위해 지원이 이루어졌다. 문화라는 감성 영역에 기술이라는 이성의 동력을 달아 차세대 성장산업 인재를 키우겠다는 목표를 지향하고 있다.

카이스트대학교 CT대학원은 디지털 아트와 엔터테인먼트(Digital Art & Entertainment), 환경 커뮤니케이션(Ambient Communication), 인터랙티브 미디어와 공간(Interactive Media & Space) 등 3개 분야 전공에서 80명 안팎의 석박사생을 육성 중이다. 2014년 현재 졸업생 266명이 배출돼 12개의 회사를 창업했고 60명의 일자리를 만든 것을 비롯해 게임과 공연, 영화, 미디어 등 문화콘텐츠 다방면에서 전문가로 활동하고 있다.[27]

학과 홈페이지에 나와있는 연구 영역을 보면 영상콘텐츠기술(Visual Content Technology), 음향음악기술(Sound & Music Technology), 인터랙티브 기술(Interactive Technology), 컴퓨터디자인(Computational Design), 문화복잡성 과학(cultural Complexity Science) 등이다.[28]

---

27 전자신문 온라인판, 2014년 6월 26일
28 KAIST 문화기술대학원 홈페이지 https://ct.kaist.ac.kr/research/sub01.php?lang=2 참조

한국외국어대학교 글로벌문화콘텐츠학과는 문화콘텐츠라는 이름으로 개설된 최초의 학과로 일반대학원에 만들어졌다. 2002년에 문학, 사학, 철학 전공 교수들이 주도해 문화콘텐츠학과라는 이름으로 출발했으며 현재는 학부연계 전공 과정과 박사 과정까지 개설되어 있다.

중앙대학교 첨단영상대학원은 영상예술과 공학기술의 유기적 결합을 통해 차세대 영상산업을 주도할 연구체제를 구축하고 창조적 전문 인력을 양성하는 것을 목표로 하고 있다. 1999년 첨단영상전문대학원으로 처음 설립되었다가 2001년에 첨단영상대학원으로 명칭을 변경했다. 다양한 전공의 창조적 융합교육을 통해 공학계 대학원생에게는 예술적 감성을 갖춘 연구통찰을, 예술계 대학원생에게는 공학적 합리성을 이해할 수 있는 창의성을 교육하고 있다. 창의적인 영상예술가와 영상공학자가 결합해 경쟁력 있는 영상물을 제작할 수 있는 연구집단 양성이라는 구체적 목표를 내걸고 있다는 점에서 현장성이 강하다.

세부 전공으로는 디지털 이미징·게임 공학, 컴퓨터 그래픽·가상환경, 예술 공학, 영화 이론, 애니메이션 이론, 영상정책 및 기획, 디지털·과학사진 등이 있다.

서강대학교 영상대학원은 원래 영상 분야 교육과 연구에 관

심을 가지고 있던 서강대학교가 1999년 9월에 설립했다. 2000
년부터 교육부 '두뇌한국(BK) 21 사업'의 지원을 받아, 인문사
회·예술 분야 지식인과 공학 분야 지식인이 서로를 이해하고
존중하며 유기적으로 협력할 수 있도록 하는 프로그램을 개발
해 왔다. 영상산업과 CT산업을 이끌어 갈 인력 양성을 목표로
하는 전문대학원이며, 대학원 수준에서 산업 현장과 밀접한 관
계를 유지하면서 고등 인력을 양성하는 것을 미션으로 삼고 있
다. 전공은 영상예술, 예술 공학, 미디어 공학 등 세 분야로 나
뉘어 있다.

숭실대학교 대학원 미디어학과는 디지털 미디어 분야의 산
업 현장에서 필요한 유능한 인재양성을 목표로 하고 있다. 창조
적 사고를 하면서도 예술적인 수준의 설계를 하고 실제 활용될
수 있는 디지털콘텐츠나 소프트웨어를 개발할 수 있는 공학적
능력을 겸비한 인재를 배출하고자 하고 있다. 이를 위해 컴퓨터
공학과 인문사회학, 그리고 예술적인 디자인 등을 통합적으로
교육하고 있다. 개설 교과는 매체미학, 콘텐츠 기획, 콘텐츠 시
나리오, 디지털 디자인, 공간디자인 및 조형, 색채와 조명, 사운
드와 음악 등이다.

대학 학부 과정으로는 건국대학교 문화콘텐츠학과, 한양대학
교 문화콘텐츠학과, 인하대학교 문화콘텐츠학과, 상지대학교

문화콘텐츠학과, 나사렛대학교 디지털콘텐츠학과, 선문대학교 역사문화콘텐츠학과, 우석대학교 게임콘텐츠학과, 위덕대학교 문화콘텐츠학과, 상명대학교 한일문화콘텐츠학과 등이 있다.

인문학의 위기와 함께 기존의 국어국문과나 문예창작과가 문화콘텐츠학과로 개명하고 새롭게 출발한 대학도 있고, 선문대학교처럼 처음에는 문화콘텐츠학과로 출범했으나 다른 학과와 통합되어(현재 역사문화콘텐츠학과) 운영되는 곳도 있다.

산업적으로 보면 문화콘텐츠를 포함한 콘텐츠산업은 지속적 성장 추세다. 2013년에는 문화기본법, 지역문화진흥법 등 문화 관련 법률도 제정되었다. 2018년 콘텐츠산업 매출액은 119조 6,066억 원으로 2017년에 비하면 6조 3,902억 원(5.6%) 정도 증가한 것으로 나타났다. 콘텐츠산업에서 매출액 규모가 가장 큰 산업은 출판산업으로 전체 매출액의 17.5%인 20조 9,538억 원의 매출을 나타냈고, 다음은 방송산업 19조 7,622억 원(16.5%), 광고산업 17조 2,119억 원(14.4%), 지식정보산업 16조 2,910억 원(13.6%), 게임산업 14조 2,902억 원(11.9%), 캐릭터산업 12조 2,070억 원(10.2%), 음악산업 6조 979억 원(5.1%), 영화산업 5조 8,898억 원(4.9%), 콘텐츠솔루션산업 5조 949억 원(4.3%), 만화산업 1조 1,786억 원(1.0%), 애니메이션산업 6,293억 원(0.5%) 순이다.[29]

1990년대 말부터 한국의 텔레비전 드라마가 중국에 수출되고, 아시아를 중심으로 한국가요, 영화 등 대중문화가 서서히 대중적 인기를 얻게 되면서 이른바 '한류'라는 흐름이 만들어지기 시작했는데, 한류도 한국문화콘텐츠의 산업화에 기여한 측면이 크다.

한국 대중문화의 열풍은 중국에서 시작해 대만, 홍콩, 베트남, 태국, 인도네시아, 필리핀 등 동남아시아로 확산되었다. 이러한 한류 열풍은 한국 대중문화를 수용하는 단계를 넘어 한국의 가수, 영화배우, 탤런트에 대한 폭발적인 팬덤(fandom)[30]문화를 형성하기에 이르렀고 이제는 K-Culture라는 이름으로 각광받고 있다.

세계문화의 수도 파리에서도 K-팝 공연이 인기리에 열리는 등 이제는 아시아를 넘어 유럽, 미국으로까지 확대되는 분위기다. 〈별에서 온 그대〉의 전지현과 김수현, 〈태양의 후예〉의 유시진 대위(송중기), 〈도깨비〉의 공유는 한국을 넘어 중국까지 떠들썩하게 만드는 문화현상을 낳고 있어 한류는 여전히 성장 가능성과 잠재력이 있는 분야로 보인다.

---

29 문화체육관광부·한국콘텐츠진흥원 지음, 《2019 콘텐츠산업 통계조사》, 2020년 5월

30 광신자를 뜻하는 fanatic의 fan과 영지 또는 나라를 뜻하는 접미사(dom)의 합성어로 팬 전체나 팬 집단을 말한다.

한국문화콘텐츠에 대한 국제적 관심이나 수출이 지속적으로 증가하고 있는 것은 사실이다. 하지만 한류 콘텐츠는 황금알을 낳는 거위라고 하기에는 과장된 측면도 있다.

또한 콘텐츠 수출에 있어서 수출 대상 국가와 수출 대상 콘텐츠 분야는 특정 국가와 특정 분야에 편중되는 현상을 보이고 있다. 수출 대상 국가는 중국·일본 및 동남아 지역 국가에 수출 편중(77%)이 두드러지고 있다. 수출 대상 콘텐츠 분야는 게임, 음악, 방송, 애니메이션, 만화 등 다양한 분야가 있음에도 불구하고, 게임 분야(50%)에 수출 비중이 집중돼 있어서 한류가 한국문화콘텐츠산업의 발전을 추동하는 중심적 역할을 하기에는 한계가 있다는 의견들도 있다.[31]

문화콘텐츠는 문화기술(CT)을 통해 부가가치를 높일 수 있기에 한류의 미래 가능성도 문화기술과의 연계·발전이라는 관점에서 봐야 할 것이다. '기술 한류'가 필요하다는 지적도 있었다.

"주목되는 점은 기존 콘텐츠에 새로운 기술을 적용해 부가가치를 증폭시킨다는 것이다. 똑같은 콘텐츠라 하더라도 문화기술이 적용된 것과 그렇지 않은 것은 그 가치가 다르다. 2D 영화보다 3D 영화가 1.5배 비싸고, 3D

---

31 한국콘텐츠진흥원, 〈한류지도구축연구〉, 2015년

에 물리적 효과가 더해진 4D의 경우 2D와 비교하면 많게는 2배 이상 가격이 올라간다. 문화콘텐츠 시장의 가능성을 높게 평가하는 분위기는 최근 새롭게 조성되고 있는 신(新)한류의 열기와도 밀접하게 관계를 맺고 있다. 한류의 가능성은 과거 그 어느 시점보다 높아졌는데, 2000년대 초반 시작된 드라마 한류나, 2010년 이후 시작된 K-팝 한류를 넘어 앞으로는 '기술 한류'를 통해 문화대국으로 들어설 수 있을 것이라고 전문가들은 내다보고 있다.[32]"

한류 콘텐츠와 K-팝은 해를 거듭하면서 꾸준히 성장해 왔고, 글로벌 무대에서도 변방에서 중심으로 이동하면서 두각을 나타내기 시작했다. 그 절정은 봉준호 감독의 영화 〈기생충〉과 BTS 열풍이다. 2019년 봉준호 감독은 영화 〈기생충〉으로 제72회 칸 국제영화제에서 한국영화 최초로 최고상인 황금종려상을 수상했다. 칸 영화제 황금종려상 수상은 글로벌 영화계의 메인스트림에서 예술성과 작품성을 인정받았음을 의미한다. 봉 감독의 〈기생충〉은 대중성을 평가받는 북미 영화시장에 진출해서도 호평을 받았다. 〈설국열차〉, 〈옥자〉 등의 작품으로 봉 감독은 북미 지역에서 어느 정도 인지도는 얻어왔지만, 여전히 비주류 감

---

32 파이낸셜뉴스, 2016년 5월 24일

독으로 인식되고 있었다. 하지만 이번에는 달랐다. 2019년 10월 북미에 개봉한 후, 처음에는 미국 뉴욕의 3개 상영관으로 시작했지만 관객들의 뜨거운 반응에 힘입어 620개 상영관으로 늘어나는 등 대중적인 흥행에도 성공했다. 2020년 1월 할리우드 외신기자협회가 주관하는 제77회 골든글로브 시상식에서 〈기생충〉은 스페인 출신 거장 페드로 알모도바르 감독의 〈페인 앤 글로리〉를 비롯해 〈타오르는 여인의 초상〉(프랑스), 〈더 페어웰〉(중국계 미국), 〈레미제라블〉(프랑스) 등을 제치고 당당히 최우수 외국어영화상 수상의 영예를 안았다. 2020년 2월 열린 제92회 아카데미(오스카) 시상식에서는 작품상·감독상·각본상·국제영화상을 한꺼번에 수상해 4관왕에 오르면서 한국영화의 저력을 만방에 과시했다.[33]

한류 콘텐츠 중 한드(한국 드라마)의 강세 또한 괄목할만하다. 2019년 넷플릭스에서 선보인 〈킹덤〉 시리즈는 글로벌 시장에서도 화제를 모았고, 2020년에는 코로나19 위기에도 불구하고 〈이태원 클라쓰〉, 〈인간수업〉, 〈경이로운 소문〉, 〈스위트홈〉 등의 한류 콘텐츠가 흥행을 이어갔다. 특히 〈킹덤〉과 〈스위트홈〉은 아시아를 넘어 글로벌 시장에서 엄청난 인기를 끈 대표적인

---

33 뉴스컬처, 2021년 1월 19일, 〈봉준호 감독이 다시 쓴 한국영화사〉

사례다. 가령 〈스위트홈〉은 넷플릭스에 공개된 지 4일 만에 한국을 포함해 대만·싱가포르·태국·쿠웨이트 총 11개국에서 1위를 차지했다. 미국에서는 한국 콘텐츠 최초로 3위까지 랭크됐다. 글로벌 시장에서 성공한 이들 K-콘텐츠의 공통점은 웹툰이 원작이라는 점이다. 웹툰은 참신하고 탄탄한 스토리를 기반으로 할리우드를 뛰어넘는 다양한 소재를 다루는 것이 특징이다. 장르가 한정적이었던 한국 문화업계에 다양성을 넓히는 역할을 하고 있다.[34]

웹툰은 웹(World Wide Web)과 만화(Cartoon)의 합성어로 한국에서 만들어진 장르다. 한국이 본고장인 만큼 한국 웹툰의 잠재력과 경쟁력은 엄청나다. 드라마, 영화 등의 원천 스토리, 원형 콘텐츠가 되고 있다는 점에서 한국 문화콘텐츠 중에서 산업적 성장 가능성이 매우 큰 분야다.

한편 K-팝의 흥행을 주도한 것은 그룹 방탄소년단(BTS)이었다. 코로나19의 대유행 속에서 2020년 8월 발매한 BTS의 '다이너마이트(Dynamite)'는 발매와 동시에 빌보드 메인 싱글 차트 '핫 100' 정상에 올랐고, 그 자리를 2주 연속 지켰다. 이어 발매한 노래, '라이프 고스 온(Life Goes On)' 역시 같은 차트 1위를

34 매거진 한경, 2021년 2월 17일
https://magazine.hankyung.com/business/article/202102046335b

차지했다. 빌보드는 "차트 62년 역사상 처음으로 한국어 가사 중심의 노래가 1위를 했다"며 이 곡을 미국 시장의 언어 장벽을 뛰어넘은 성공적 사례로 평가했다. 미국《타임》지는 방탄소년단을 2020년 '올해의 연예인'으로 선정했다. BTS의 성공은 주식시장에서도 이어졌다. 2020년 10월 15일, BTS 소속사 빅히트엔터테인먼트(현재는 하이브)는 코스피에 상장했고 첫날부터 상한가로 직행, 시가총액 11조 8천억 원을 기록하며 단숨에 시총 순위 27위에 랭크됐다. 빅히트의 상장 성공과 투자 열풍은 한류 문화콘텐츠가 결코 신기루가 아니었으며 문화산업으로서 충분히 성장 가능성이 있음을 방증했다. K-팝 세계화를 이끈 그룹은 방탄소년단뿐만이 아니었다. 예컨대 걸 그룹 블랙핑크는 유튜브에서 독보적이었다. '뚜두뚜두(DDU-DU DDU-DU)'(14억 뷰), 'Kill This Love'(11억 뷰)와 '붐바야'(10억 뷰) 등 뮤직비디오 3편이 10억 뷰를 넘는 대기록을 달성했다. K-팝 음반들은 2020년 110여 개 국가로 수출됐고 9월에 이미 전년도 실적을 넘어섰으며 11월까지 집계된 수출액은 총 1억 7천만 달러로 전년 동기 대비 94.9% 급증했다.[35]

글로벌 팬데믹으로 인한 불황 속에서도 한류 K-팝은 수출 효

---

35 노컷뉴스, 2021년 1월 18일, https://www.nocutnews.co.kr/news/5483230

자 노릇을 톡톡히 했으며 세계 음악시장의 뉴노멀로 자리 잡기 시작했다. 문화체육관광부와 한국국제문화교류진흥원이 한국 문화콘텐츠를 이용해본 경험이 있는 외국인 8천 명을 대상으로 실시한 '2020 해외한류실태조사' 결과 발표에 의하면, K-팝을 접하는 주된 경로는 온라인·모바일 플랫폼(77.5%)이 가장 많고 주요 이용 플랫폼은 유튜브(84.6%), 스포티파이(36.5%), 페이스북(29.7%) 등이었다.[36] 디지털 강국의 저력이 팬데믹으로 인한 비대면 확산 국면에서 콘텐츠산업 도약으로 표출된 것이다.

정보통신기획평가원(IITP)은 매년 'ICT 10대 이슈'를 선정해 발표하는데, 2021년에 가장 주목될 만한 ICT 10대 이슈로는 1) 데이터 경제, 2) 인공지능, 3) 고품질 5G, 4) 디지털 트윈, 5) 온택트(Ontact), 6) 디지털 소비, 7) 홈코노미, 8) K-콘텐츠, 9) 빅테크 기업, 10) 디지털 통상 등이 선정됐다. ICT 10대 이슈에 K-콘텐츠가 포함된 것은 이례적인 일로 한국 문화콘텐츠의 성장 가능성을 방증하는 것이다. 이 보고서는 K-콘텐츠 중에서 특히 디지털 공연·문화산업과 웹툰에 주목하고 있다. 최근 세계적으로 주목받고 있는 BTS 신드롬에서 볼 수 있듯이 팬덤경제와 ICT 기술이 결합된 디지털 공연·문화산업은 코로나19로

---

36 노컷뉴스, 2021년 1월 18일, https://www.nocutnews.co.kr/news/5483230

위축된 공연·문화시장에서 새로운 수익 모델로 부상할 것으로 전망했고, 웹툰은 새롭게 떠오르는 또 하나의 디지털 K-한류가 될 것이며 2021년에는 웹툰 플랫폼의 도약이 기대된다고 분석했다.[37]

37 정보통신기획평가원, 《2021 ICT 10대 이슈 보고서》, 2021년

소프트 파워가
중요한 시대

1945년 해방 직후만 하더라도 우리나라는 세계 최빈국 중 하나였다. 게다가 전쟁을 겪으면서 한국은 폐허에서 일어서야 했다.

국제사회는 이른바 공적개발원조(ODA)를 통해 가난한 나라였던 한국을 도와주었다. 국제사회의 무상원조 덕분에 우리는 폐허 속에서도 경제개발을 시작할 수 있었고, 국민들의 피땀 어린 노력으로 '한강의 기적'을 이뤄냈다. 급속한 경제성장 덕분에 우리나라는 원조를 받던 수혜국(受惠國)에서 원조를 주는 공여국(供與國)으로 지위가 바뀐 유일한 나라가 되었다. 이런 눈부신 성장과 빠른 발전의 일등공신은 바로 과학기술이다.

매년 스위스 로잔의 국제경영개발원(IMD)은 세계 경쟁력 연감을 펴내고 국가경쟁력 순위를 발표한다. 2020년 발표에서 우리나라는 OECD 국가 및 신흥국 63개 조사대상국 중에서 종합

23위를 차지했고 과학인프라는 3위, 기술인프라는 13위를 기록했다. GDP 대비 총연구개발비 투자비중은 2위, 인구 천 명당 연구개발인력은 3위, 평균 인터넷 대역폭 속도는 2위, 첨단기술제품 수출액 4위 등 첨단과학기술을 성장동력으로 하여 우리나라는 그간 빠르게 과학기술대국으로 성장해 왔다.

우리나라가 '한강의 기적'을 이루며 정말 빠르게 세계 10위권 경제강국이 될 수 있었던 힘은 다름 아닌 첨단과학기술이었다. 과학기술 발전에 힘입어 경제 성장을 이루어왔기에 이제까지 성장의 중심은 당연히 경제였으며, 한국 사회는 오로지 경제만능론적인 관점이 지배하는 사회였다고 할 수 있다.

2012년 6월 우리나라는 경제강국의 상징인 '20-50 클럽'에 진입했다. 일본, 미국, 프랑스, 이탈리아, 독일, 영국에 이어 세계에서 일곱 번째로 1인당 국민소득 2만 달러, 인구 5천만 명을 넘는 국가가 된 것이다. 경제적으로는 이제 어느 정도 선진국의 문턱에 들어섰다고 할 수 있다. 하지만 이런 빠른 성장에 비해 우리 사회의 문화도 그에 걸맞게 발전해 왔는가를 생각해보면 꼭 그렇지만은 않은 것 같다.

미국의 국제정치학자 즈비그뉴 브레진스키는《거대한 체스판 (The grand Chessboard)》이라는 책에서 오늘날의 미국은 유사 이래 최초의 진정한 세계제국이라고 역설했다.[38]

역사적으로 넓은 영토와 강력한 헤게모니를 구가하던 세계제국은 이전에도 있었다. 팍스 로마나(Pax Romana)라 불리던 로마제국, 팍스 브리태니카(Pax Britannica)라 불리던 대영제국 등이다.

로마제국이나 대영제국이 정치, 군사, 경제를 압도하던 당대 최강의 세계제국이었다면, 미국은 여기에 더해 테크놀로지와 문화 영역에서도 강대국이다. 첨단기술은 말할 것도 없고 맥도날드, 코카콜라, 할리우드, 팝송 등 대중문화에 있어서도 막대한 영향력을 자랑한다.

정치제도, 경제체제, 군사기술은 짧은 기간에도 변화하고 발전할 수 있지만 문화는 그렇지 않다. 문화적 영향력은 생활방식이나 정신적 측면에 해당하기 때문에 변화가 더디고 근본적이다.

2004년 하버드대학교 조지프 나이(Joseph S. Nye) 교수는 《소프트 파워(Soft Power)》라는 책을 출간해 큰 반향을 불러일으켰다. 소프트 파워란 군사력이나 경제제재 등 물리적으로 표현되는 힘인 '하드 파워(hard power)'에 대응되는 개념이다. 강제력보다는 매력을 통해 상대를 움직이며, 명령을 하는 것이 아니라 상대의 자발적 동의를 이끌어내는 능력이다.

역사적으로 20세기까지 강대국의 힘이 군사력 위주의 하드

---

38   즈비그뉴 브레진스키 지음, 김명섭 옮김, 《거대한 체스판 : 21세기 미국의 세계전략과 유라시아》, 삼인, 2000년

파워에서 나왔다면, 문화의 세기인 21세기는 '소프트 파워(soft power)'가 주도하는 시대이다. 하드 파워는 부국강병을 지향하고, 소프트 파워는 문화강대국을 지향한다.

문화는 교육, 학문, 예술, 과학, 기술 등 인간의 이성적, 감성적 능력에 기반하고 있는 창조적 산물과 관련한 모든 분야를 포함한다. 사실 소프트 파워 개념은 이라크전쟁에 대한 반성으로부터 제기되었다. 이라크전쟁에서 미국은 하드 파워로 압도적인 승리를 거두었다. 하지만 전 세계적 차원에서 미국에 대한 호감은 오히려 줄어들었다.

역사적으로 군사력에 의존했던 몽골제국이 피정복문화에 동화된 것이나 국제관계사에서 민간차원 교류나 문화협력으로 적성국가와의 관계를 개선했던 것 등은 소프트 파워의 우월한 힘을 보여준다. 상대의 마음을 사로잡는 데에는 물리적 힘보다는 보편적 문화나 공감 같은 것이 더 강력하다. 일찍이 김구 선생은 《백범일지》에서 문화강국이야말로 진정 행복한 나라라고 피력한 바 있다.

"나는 우리나라가 세계에서 가장 아름다운 나라가 되기를 원한다. 가장 부강한 나라가 되기를 원하는 것은 아니다. 내가 남의 침략에 가슴 아팠으니, 내 나라가 남을 침략하는 것을 원치 않는다. 우리의 부력(富力)은 우리의 생활을 풍족히 할 만하고, 우리의 강력(强力)은 남의 침략을 막을 만하면 족하다. 오직 한없이 가지고 싶은 것은 높은 문화의 힘이다. 문화의 힘은 우리 자신을 행복하게 하고, 나아가서 남에게 행복을 주기 때문이다."

국가 간 경쟁은 궁극적으로 국민행복과 삶의 질을 다투는 경쟁이기에 미래에는 문화강국이 세계를 주도하게 될 것이다. 문화는 국가의 근간이 되는 기본적인 가치다. 국민행복, 경제성장, 사회통합, 국격 제고 등은 모두 문화로부터 출발해야 한다.

해방 후 한국은 압축성장을 거치면서 '한강의 기적'을 이루었고, 경제 규모면에서는 세계 10위권에 올라있다. 우리 현대사를 돌아보면, 한국은 짧은 기간 동안 다른 어떤 나라에서도 찾아볼 수 없는 '세 가지의 기적'을 이루어냈다.

첫 번째는 한강의 기적이라 불리는 경제의 기적이고, 두 번째는 1987년 민주항쟁을 계기로 폭발한 정치적 민주주의의 기적이다. 세 번째는 단시일에 기독교 인구가 폭발적으로 증가한 기독교의 기적이다. 경제적으로는 규모가 커졌고, 개개인의 삶은 풍요로워졌다.

급속한 경제성장에는 고통이 따르는 법이다. 세상의 모든 일에는 밝은 면만 있는 것이 아니다. 경제성장은 양극화로 상징되

는 성장의 모순을 동반한다. 다른 선진국의 자본주의 발전 과정
에서도 빈부격차가 심화되고 소외계층이 양산되고 사회적 약자
의 소외나 절대빈곤 및 상대빈곤 등의 문제가 나타난다.

자본주의적 성장의 부작용이 나타나면 이를 해결하거나 보완
하기 위한 여러 가지 조치나 장치들도 함께 나타난다. 이런 과정
에서 나타난 것이 앞서 살펴본 '수정자본주의(revised capitalism)'
다. 수정자본주의 또는 복지국가(welfare state)는 브레이크 없이
질주하던 자본주의의 일방적 발전에 대한 반작용으로 나타난
것이다.

이제 변화가 필요한 시점이다. 경제만능론에서 벗어나 사회
전체가 문화적 가치에 주목하는 선진국다운 여유를 가져야 할
때다. 물질적 토대도 어느 정도 갖추었으니 비물질적 가치에 눈
을 돌려야 한다.

2장

문화적 가치가
중요하다

문화에 대한 관심이 커지면서 고전적 자본 개념에도 큰 변화가 나타났다. '문화자본'이라는 개념이 사용되고 있고, 문화경제학, 문화사회학, 문화정책학 등 문화과학이 사회과학의 새로운 흐름을 형성하고 있다.

또한 문화는 미래 변화 트렌드를 읽는 코드가 되고 있다. 한때 '코드'라는 말이 유행했었는데, 코드는 현상의 본질을 파악하는 데 있어서의 핵심 열쇠를 말한다. 원래 코드(code)는 '어떤 사회나 계급, 직업 따위에서의 규약이나 관례(국어사전 첫 번째 의미)'라는 뜻이지만, 문화 코드라고 하면 '사회 현상과 인간 행동을 이해하는 방법'을 뜻한다.

정신분석학자이자 문화인류학자이며 마케팅 전문가이기도 한 클로테르 라파이유(Clotaire Rapaille) 박사는 자신의 저서 《컬처 코드(Culture Code)》에서 인간과 비즈니스를 이해하는 열쇠로서의 문화 코드에 대해 통찰력 있는 설명을 제시했다. 모든 문화는 저마다 각각의 단어들에 대한 해석, 즉 코드가 다른데 다양한 코드들이 결합되면 사람들이 의식하지 않고 사용하는 '준거체계(reference system)'가 생겨나고, 이 준거체계가 지침이 돼 다양한 문화가 다양한 방법으로 형성된다는 것이다.

각인(imprint)과 코드의 관계는 자물쇠와 비밀번호의 관계와 같은데, 자물쇠는 올바른 순서로 맞춰야 열 수 있다. 코드를 찾아내면 우리의 가장 근본적 문제들 중 하나, 즉 우리가 현대와 같은 방식으로 행동하는 이유를 알

39 　클로테르 라파이유 지음, 김상철·김정수 옮김, 《컬처 코드》, 리더스북, 2007년, 26~27쪽

수 있다는 것이다.[39] 코드는 쇼핑, 건강, 음식, 직업, 정치 등 일상 곳곳에서 우리가 사고하고 행동하는 데 영향을 미친다.

그래서 코드는 왜 미국인이 축구가 아닌 야구에 열광하는지, 일본의 이혼율은 왜 낮은지, 어떻게 해서 이탈리아 남자들은 여자들을 쉽게 유혹하는지, 왜 미국에서는 인기를 끈 스포츠카가 프랑스에서는 외면당하는지, 전통차를 마시던 일본인에게 커피를 팔려면 어떻게 해야 하는지 등을 이해하는 단서이자 열쇠라는 것이다.

문화는 인문학적 관점에서 보면 삶의 질 문제이지만, 경제적 측면에서는 가치와 부가가치를 창출하는 동인이 되기도 한다. 문화경제학의 태두(泰斗)인 데이비드 스로스비(David Throsby) 교수는 "문화는 경제적 가치와 문화적 가치를 동시에 갖는다"고 강조한다. 경제적 가치는 이성적 척도이지만, 문화적 가치는 감성적 척도이므로 경제적으로 환원될 수 없다는 특징을 갖는다. 경제적 가치만으로는 감성적 측면을 재단할 수 없다는 것이다.

가령 비슷한 조건, 비슷한 가격, 비슷한 품질을 갖고 있더라도 이웃한 두 가게 중 한 가게는 장사가 잘 되고 옆 가게는 잘 안 될 수가 있다. 그 미묘한 차이가 때로는 가게 주인이나 종업원의 인상이나 말씨, 응대하는 태도 또는 가게의 감성적 분위기 등과 같은 비경제적 이유 때문일 수 있다.

또한 경제적 가치가 미미하더라도 세상에서 단 하나밖에 존재하지 않는 물건이라면 상징적 의미나 희소성 때문에 문화적 가치가 클 수도 있다. 문화적 요소는 단지 경제적 요소를 보완하는 수준의 주변 요인에 머물지는 않는다는 것이다.

잘 관찰해보면 어떤 제품의 구매에 있어서 결정적 요인은 이성이 아니라 감성인 경우가 많다. 사람들은 가격, 성능, 디자인 등을 요모조모 이성적으로 따지지만 결국 감성적으로 제품을 선택하는 경향이 있다. 현대인은 적어도 소비에 있어서는 경제적 인간이라기보다는 문화적 인간에 가깝다. 프랑스 퍼블리시스그룹의 모리스 레비 회장은 다음과 같이 말했다.

> "단순한 사실에 입각해서 구매결정을 내리는 소비자는 지극히 소수에 불과하다. (……) 대다수의 사람들은 머리와 가슴(감성)으로 소비하고 구매한다. 처음에는 제품의 기능은 뭔지, 왜 이 제품을 선택해야 하는지 합리적 이유를 찾는다. 하지만 결국 결론을 내리는 것은 감성이다. '나는 이게 더 좋아. 마음에 들어.' 이런 과정은 매우 교묘하게 일어난다. 어떤 물건을 자세히 살펴보기 전에 사람들은 이미 그 물건에 대한 느낌을 갖고 있기 마련이다. 이해하기 전에 느낀다. 그래서 브랜드에 대한 좋은 느낌을 주는 것, 긍정적인 감성을 연상시키는 것이 포인트다.[40]"

문화상품이나 문화콘텐츠산업의 비중은 점점 커지고 있고, 문화는 대학, 인문학, 교양 영역에서도 영향력이 커지고 있다. 우리 시대에 문화라는 이

---

40 최윤식 지음, 《미래학자의 통찰법》, 김영사, 2014년, 220쪽 재인용. 원출처 : 케빈 로버츠 지음, 양준희 옮김, 《브랜드의 미래 러브마크》, 서돌, 2009년

름하에 통칭되는 것 중에는 교양·지식·정보 등이 혼재되어 있으며, 이들은 이제 '좋은 것(good)'이라는 의미에서 벗어나 '상품(goods)'으로서의 의미를 가지게 된 것이다.[41]

시험을 봐서 성적으로 대통령을 뽑는 거라면 분명 프랑스 대통령이 됐을 거라는 농담이 회자되는 만물박사이자 미래학의 대가 자크 아탈리(Jacques Attali)는 1998년에 출간한 《21세기 사전》에서 문화를 '부의 창출을 위한 최대의 초석이자 상품의 보편적 등가를 방해하는 마지막 장애물'이라고 정의했다.[42] 문화에 잠재돼 있는 엄청난 부가가치의 가능성을 이야기하고 있는 것이다.

문화적 가치를 상품에 부여해 소비자의 감성을 자극하는 것을 우리는 감성마케팅이라고 한다. 기술에 예술을 결합한 데카르트 마케팅도 감성마케팅의 한 종류다. 기업은 앞다투어 문화마케팅, 감성마케팅에 나서고 있다. 경제적 가치만으로는 소비자의 감성에 호소할 수 없음을 알기 때문이다.

감성의 중요성을 보여주는 재미있는 일화가 하나 있다. 정호승 시인이 소개한 어느 시각 장애 걸인의 구걸 문구이다. 한 맹인 거지가 "나는 태어나면서부터 앞을 못 보는 불쌍한 맹인입니다. 제발 한푼씩만 보태주십시오"라는 글을 써놓고 거리에서 구걸을 했다. 하지만 돈통에는 돈이 거의 모이지 않았다. 어느 시인이 지나가다가 문구를 "나는 봄이 와도 꽃을 보

---

41 김만수 지음, 《문화콘텐츠 유형론》, 글누림, 2006년, 28쪽

42 자크 아탈리 지음, 편혜원·정혜원 옮김, 《21세기 사전》, 중앙M&B, 2000년, 111쪽

지 못합니다"라고 고쳐주었다. 그러자 돈통에 훨씬 많은 돈이 쌓였다고 한다.[43] 감성적인 문구가 지나가는 행인들의 감성을 자극한 것이다.

기업은 말할 것도 없거니와 걸인에게서도 감성마케팅이 주효할 수 있는 것이다. 자본주의는 문화적 가치에 주목하고 있고, 또 해야만 한다. 지속가능한 자본주의를 만들자면 하이테크 산업, 경제적 효율성, 합리적 마케팅만으로는 부족하다. 하이터치, 감성마케팅, 문화경영으로 나아가지 않으면 안 된다.

---

43 김현곤 지음, 《모든 비즈니스는 서비스로 통한다》, 삼우반, 2010년, 81쪽

경제학이
행복에 주목하는 까닭은?

　사람의 얼굴이 제각각이듯 자본주의의 얼굴도 나라마다 서로 다르다. 그야말로 천의 얼굴을 하고 있다.

　하지만 크게 나눠보면 두 종류인데, 하나는 시장 중심의 '앵글로 색슨 모델'이고, 다른 하나는 복지에 역점을 두는 '유럽 대륙형 라인 모델'이다. 서로 다른 이 두 모델은 각각의 특장점을 갖고 발전해 왔다.

　앵글로 색슨 모델은 자유시장주의의 원칙을 견지하면서 '경쟁과 자율'을 추구하는 역동적 경제체제지만 소외, 빈곤, 실업 등의 문제가 상대적으로 크다. 반면 복지 모델은 국가의 적극적인 개입을 통해 개별 국민의 최소 행복을 책임지는 체제지만 경쟁력과 역동성이 떨어진다는 약점을 안고 있다. 시장이냐 국가냐 하는 것은 경제정책의 오랜 논쟁거리였다.

경제성장(또는 경제발전)[44]은 사회의 물적 토대를 구축하고 존재의 문제를 해결하는 과정이다. 하지만 경제가 아무리 중요하고 비중이 크다고 해도 삶의 여유나 질 문제까지 포괄하기에는 역부족이다. 경제성장이나 발전의 궁극적인 목적은 사회구성원 각자가 행복을 누리는 사회를 만드는 것이 되어야 한다.

따라서 아무리 경제 사정이 좋아지더라도 사람들이 느끼는 행복의 정도가 커지지 않는다면 경제성장의 의미는 반감될 수밖에 없다. 경제학이 행복의 중요성에 주목하기 시작한 것은 바로 이런 이유에서다.

이렇게 해서 약 20여 년 전부터 소위 '행복경제학(Economics of Happiness)'이라는 이름으로 행복연구가 시작되었다. 행복연구자들은 행복이라는 관점에서 경제를 바라보면서 행복의 계량적 측정과 결정요인을 연구한다.

그들은 "정부 정책의 목표는 부(wealth)가 아니라 삶(life) 전체로 확대되어야 한다"고 주장하기 시작했다. 행복경제학의 아버지, 취리히대학교 경제학 교수 브루노 프라이는 자신의 대표 저서《행복, 경제학의 혁명》에서 비용, 편익 등의 효용에 초점을

---

44 엄밀하게 이야기하면 성장(growth)과 발전(development)은 다르다. 성장은 생물학적인 성장처럼 양적으로 커간다는 의미이고, 발전은 지능이나 능력이 발달하는 식으로 질적으로 나아지는 것을 의미한다. 경제성장과 경제발전도 혼용해서 사용하지만 엄밀하게 따지면 다른 개념이다.

맞춘 주류경제학을 비판하면서 개인의 주관적 안녕감, 즉 행복을 측정함으로써 경제적 행동의 효용을 계량화할 수 있다고 주장했다.[45]

행복경제학의 이론적 근거에는 '이스털린 패러독스(The Easterlin Paradox)'라는 것이 있다. 이는 기본적인 욕구가 충족되고 나면 소득이 증가하더라도 행복도가 상승하지 않는 역설적 현상을 가리킨다. 보통 돈을 많이 버는 사람은 적게 버는 사람보다 더 행복할 것이고, 선진국 국민은 후진국 국민보다 더 행복할 거라고 생각하지만 반드시 그렇지는 않음을 경제학자 리처드 이스털린이 실증적으로 밝혔던 것이다.

이스털린은 1974년에 발표한 논문 〈경제성장은 인간 운명을 개선하는가? 몇 가지 경험적 증거(Does Economic Growth Improve the Human Lot? Some Empirical Evidence)〉를 통해 처음 이 역설을 제기했다.[46] 이 논문으로 이스털린은 일약 유명인사가 되었다. 현재 그는 서던캘리포니아대학교(USC)의 경제학 교수다. 논문이 발표된 지 거의 50년이 되었지만 지금도 이 문제는 해결되지 않고 있고 현재진행형이다.

---

45 브루노 S. 프라이 지음, 유정식 외 옮김, 《행복, 경제학의 혁명.》 부키, 2015년
46 양현미, 〈문화의 사회적 가치 - 행복연구의 정책적 함의를 중심으로〉, 한국문화관광연구원, 2007년, 18~19쪽

몇 해 전, 한 학회에서 노(老) 경제학자 이스털린은 자신의 역설은 여전히 유효하다며 "미국은 1946년부터 2014년까지 약 70년간 개인소득이 세 배로 늘었지만 행복은 정체되거나 심지어 낮아졌고 WVS(World Value Survey : 세계가치관조사)가 세계 43개국을 대상으로 한 조사 역시 자신의 주장을 뒷받침한다"고 강조했다.[47]

영국에는 '신경제재단(New Economics Foundation)'이라는 기관이 있는데 '지구촌 행복지수(HPI : Happy Planet Index)'를 발표하고 있다. 이 조사의 2006년 결과를 보면, 우리나라는 행복지수 41.1점(100점 만점)으로 조사대상 178개 국가 중 102위이며 하위권이다. 2009년에는 68위, 2015년은 63위, 2016년은 다시 80위로 내려갔다.

그런데 행복지수가 높은 나라는 강대국이나 선진국이 아니다. 2016년 기준으로 1위는 코스타리카, 2위는 멕시코, 3위는 콜롬비아, 4위는 바누아투, 5위는 베트남으로 작은 나라들이 상위권을 차지하고 있다. 유럽 국가 중 상위권은 12위 노르웨이, 15위 스페인, 18위 네덜란드 등이다. 일본은 58위, 중국은 72위, 한국은 80위다. 세계 최강국 미국은 108위에 불과하다.[48]

---

47 한국경제신문, 2016년 1월 5일
48 www.happyplanetindex.org

어쨌거나 우리나라의 행복지수는 경제 규모 10위라는 객관적 지표에 비추어볼 때 형편없는 결과다.

행복지수(HPI)는 생태를 보존하면서 모든 국민이 행복하게 오래 사는 사회를 나타내는 지수로 삶의 만족, 기대수명, 생태소비, 환경 등의 지표를 토대로 산출된다.[49] 이 조사 결과는 우리에게 많은 것을 생각하게 한다.

소득이나 경제는 최소한의 물질적 조건일 뿐이다. 소득이 행복을 가져다주지 못하듯이 국민경제가 국민행복을 보장하진 않는다. 언젠가 '행복은 성적순이 아니다'라는 말이 유행했었다. 이제 '행복은 소득순이 아닌 사회'가 돼야 한다. 행복은 아마 돈, 소득, 경제보다는 재미, 건강, 문화 같은 데서 온다. 그리스의 철학자 플라톤은 행복의 조건으로 재산, 용모, 명예, 체력, 언변 등 다섯 가지를 꼽았다. 하지만 먹고살만한 수준에서 조금 부족한 재산, 약간 부족한 용모 등 조금 부족하고 모자란 상태가 좋다고 했다.[50]

경제성장이 반드시 행복을 가져다주는 게 아님은 분명하다. 경제성장이나 발전은 행복의 필요조건일 수는 있어도 충분조

---

49 양현미, 〈문화의 사회적 가치 – 행복연구의 정책적 함의를 중심으로〉, 한국문화관광연구원, 2007년, 15쪽

50 최연구, 〈행복의 조건〉, 한국일보, 2017년 12월 22일
https://www.hankookilbo.com/News/Read/201712221424737205

건이 될 수는 없다. 우리가 경제 외적인 가치나 행복에 더 많은 관심을 두어야 하는 이유다.

행복이나 웰빙, 지속가능성 등 새로운 가치들이 제기되면서 사회적 관심은 자연스럽게 문화 분야로 향하고 있다. 삶의 질이나 내면적 가치에 기반하고 있는 행복이나 웰빙은 문화적 가치와 밀접한 관련을 가지기 때문이다.

경제, 사회, 문화의
관계

경제와 문화는 어떤 관계인가? 경제가 발전하면 동시에 문화가 발전할까? 문화는 경제성장의 원동력이 될 수 있을까? 경제, 사회, 문화 등의 용어는 우리가 하루에도 몇 번씩 일상적으로 사용하는 용어다. 그럼에도 불구하고 그 정확한 의미나 상호간의 관계에 대해 자신 있게 답할 수 있는 사람은 별로 없다.

세상에는 공짜가 없고 비밀이 없고 정답이 없다고 하는데, 사회과학에는 정답이 없다. 사회과학은 정답이나 진리를 찾는 학문은 아니다. 각자의 입장에 따라 여러 가지 해답이 있을 수 있으나 정답은 있을 수 없다.

사회과학에도 과학이라는 이름이 붙어 있지만 사회과학과 자연과학은 엄연히 다르다. 자연과학은 인간이 자연의 본질과 법칙을 탐구하고 밝히는 객관적인 학문이지만, 사회과학은 인간과 인간의 관계에 기반하고 있는 사회현상을 탐구하는 학문이 므로 주관성, 임의성을 배제할 수 없다.

막스 베버가 사회과학방법론을 정립하면서 가치중립성, 이념 형(Ideal Type) 등의 개념을 고안한 것은 객관성을 담보하기 어려운 사회과학의 방법론적 한계 때문이었다. 사회과학이 사회적 사실이나 인문 현상을 연구하다 보니 여기에서 사용하는 개념 이나 용어는 인간 사유의 산물일 수밖에 없다.

사회과학 용어들은 인식과 공유를 바탕으로 사회적으로 정의 된 것들이다. 사랑, 정의, 국가, 경제 등의 개념들은 물질적으로 존재하는 것이 아닌 사람들의 상상에 의해 고안되고 정의된 가 상의 개념이다. 그러하기에 그 개념이나 정의는 고정불변이 아 니며 보편타당하지도 않다. 사회마다 동일한 현상에 대해 서로 다르게 정의할 수 있고, 보는 관점에 따라 개념의 정의가 달라 질 수도 있다.

가령 파업이라는 용어를 한번 생각해보자. 우리 사회에서 파 업이라는 말을 사용할 때는 매우 부정적인 뉘앙스(nuance)를 갖 는다. 언론이나 교육을 통해 파업은 불법적, 파괴적이며 불온한 행동이라는 인식에 익숙해져 있기 때문이다. 노동운동이 법의 테두리 안에서 보호받고 있음에도 불구하고 한국 사회에서는 여전히 파업이 불법, 소요 등의 개념을 연상시키고 일반 시민에게 불편을 끼치는 비정상적 집단행동으로 받아들여진다. 물론 불편한 측면이 있다. 하지만 원래 파업은 시민들에게 불편을 끼치려고 하는 집단행동이며, 사회적 압력을 행사하는 합법적 단체행동이다.

하지만 프랑스 사람의 경우는 파업(프랑스어로는 그레브(gréve)라고 한다)을 '역사적 투쟁을 통해 쟁취한 노동자 계급의 정당하고 합법적인 단체행동'으로 이해하므로 대다수 시민이 긍정적인 사회운동으로 인식한다. 정치적으로 우파라고 할지라도 파업을 불순한 행동으로 생각하지는 않는다.

이렇게 동일한 용어, 개념이라 하더라도 사회에 따라 인식이 다르고 뉘앙스가 다르며, 때로는 사회적 정의까지 달라진다. 그래서 개념을 어떻게 정의하는가의 문제는 모든 현상이나 문제에 접근하는 출발점이 될 수 있다.

그런 의미에서 사회과학은 정의(definition)로부터 시작된다고 해도 과언이 아니다. 일반적으로 통용되는 당대의 정의를 가장 잘 반영하는 가장 권위 있는 매체는 사전이나 백과사전이다. 사전이나 백과사전은 사회적 합의를 바탕으로 해서 한 시대나 사회에서 통용되는 단어의 의미를 등재하고 있다.

물론 백과사전의 정의는 시대적 정의일 뿐 불변의 정의는 아니다. 법조문도 개정될 수 있고, 이론도 언제든지 수정된다. 적어도 사회과학적 개념이나 이론은 객관적 진리는 아니다. 괴테의《파우스트》에 나오는 다음의 구절처럼 말이다. "모든 이론은 회색이며 오직 영원하게 푸른 것은 저 생명의 나무다."

경제, 사회, 문화를 이해하기 위해 사전에 나와 있는 정의부터 우선 살펴보기로 하자.

경제의 사전적 정의는 '인간 생활에 필요한 재화나 용역을 생산, 분배, 소비하는 모든 활동 또는 그것을 통해 이루어지는 사회적 관계'다. 사회는 '가족, 마을, 조합, 교회, 계급, 국가, 정당, 회사 등 공동생활을 영위하는 모든 형태의 인간 집단'이라고 되어 있다. 그리고 문화는 '자연 상태에서 벗어나 일정한 목적 또는 생활 이상을 실현하고자 사회구성원에 의하여 습득, 공유, 전달되는 행동양식이나 생활양식의 과정 및 그 과정에서 이룩해 낸 물질적·정신적 소득을 통틀어 이르는 말, 의식주를 비롯하여 언어, 풍습, 종교, 학문, 예술, 제도 따위를 모두 포함하는 개념'이라고 되어 있다.

이런 사전의 정의만으로 개념을 선뜻 이해하기는 쉽지 않다. 또한 이 세 가지 개념 간의 관계를 이해하는 것도 어렵다. 좀 단순화해서 풀어본다면 경제는 먹고살기 위한 밥벌이 활동, 사회는 사람들이 모여 있는 무리, 문화는 사람들이 살아가는 방식과 놀고 즐기는 활동이라고 할 수 있겠다.

경제는 생존을 위해 필요한 재화나 용역을 만들고 소비하고 분배하는 활동이나 관계다. 상품이나 서비스를 만들고 제공하고 사고팔고 유통하면서 먹고사는 문제를 해결하는 활동이 경제다.

영어의 economy, 프랑스어의 économie는 우리말로는 경제로 변역되지만 한자어 경제(經濟)는 '경세제민(經世濟民)'의 준말이다. 세상을 경륜하고 백성을 구제, 곧 고생을 덜어준다는 뜻인데 이는 원래 장자(莊子)의 말이다. 이 말이 영어 '이코노미'를 의미하게 된 것은 일본 학자들이 서양문물을 도입하면서 중국 고전에 나오는 이 말이 딱 맞겠다고 해서 붙인 이름이라고 한다. 사실 사회과학이나 자연과학 등 근대학문에서 사용되는 대부분의 용어는 일본에서 만들어져 수입된 용어들이다. 그래서 우리 현실에 맞지 않거나 잘못된 용어들도 존재한다.

영어의 이코노미는 '가정 관리'를 뜻하는 그리스어 '오이코노미아(oikonomia)'에서 유래된 라틴어 '외코노미아(oeconomia)'에 어원을 두고 있다. 17세기에는 가정 경제와 분리된 국가 경제라는 뜻으로 '정치경제(political economy)'라는 말을 쓰다가 점차 현재처럼 단순화됐다.[51] 영어의 이코노미는 국가의 살림을 관

---

51 김성호, 〈오후여담 경세제민〉, 문화일보, 2007년 2월 15일

리, 경영한다는 의미이므로 재화나 용역, 상품을 중심으로 세계를 바라보는 경제환원론적 개념이 될 수밖에 없겠지만 경세제민이라 할 때는 훨씬 인간주의적 관심이 될 수 있을 것 같다.

프랑스에서는 새로운 밀레니엄을 맞아 예술의 요람인 '에콜 데 보자르(미술학교)'에서 2000년 1월 1일부터 12월 31일까지 1년간 366번의 대중강연을 진행했다. 하루도 거르지 않고 진행된 이 밀레니엄 강연회는 '2000년 기념 위원회'가 주관했는데 이 위원회의 위원장은 문화부 장관을 역임했던 장 자크 아야공(Jean-Jacques Aillagon)[52]이었다. 실무기획 책임자는 에콜 데 보자르 학장을 역임한 철학자 이브 미쇼였다.

역사적인 이 기획강연을 주제별로 분류해 시리즈로 엮은 책이 오딜 자콥 출판사의 '네오 아카데메이아(원래 아카데메이아는 고대 그리스 시대에 플라톤이 아테네에 개설한 철학학원이다) 총서'다. 네오 아카데메이아는 인문과학, 자연과학, 기술 분야의 지식은 물론이고, 현대문화 전반에 대한 깊은 성찰을 담고 있다.

우리나라에서는 2003년에 《문화란 무엇인가(Qu'est-ce que la culture?)》라는 제목으로 번역·출간되었다. 《문화란 무엇인가》

---

[52] 장 자크 아야공은 2002~2004년 시라크 대통령 아래에서 문화부 장관을 역임했다. 시라크 대통령과 영부인 베르나데트의 측근이며, 2002년 르 몽드 신문과의 인터뷰에서 커밍아웃을 했던 프랑스 최초의 동성애자 장관이다.

제2권의 첫 번째 강연 주제는 '경제학의 축소주의(환원주의)'이다. 파리 1대학 팡테옹-소르본의 자비에 그레프(Xavier Greffe) 교수는 경제학이 지나치게 고립된 개인 행위에 초점을 맞추고 있고 수학적 역학관계에만 치중한다고 비판한다.

"경제학은 축소주의로 비난받고 있다. 경제학은 사회현상과 행태를 경제학의 틀에 맞춰 일관성 있게 다루겠다는 목적 아래 모든 사회현상을 극단적으로 단순화한다. 여기에서 범죄 경제, 종교 경제, 결혼 경제 등 개념이 탄생하는 것이다. 경제학은 사회현상을 각자 취향대로 재구성함으로써 사회구성원들에게 단일한 사고방식을 강요한다. 그 사고방식은 장밋빛 전망을 기대하느냐 아니면 변화를 기대하느냐는 것이다. 다른 것은 없다. 이런 축소주의적 주장은 두 가지 해석을 초래할 수 있다. 첫 번째는 다른 사회현상에 대한 경제 현상의 자율성을 주장함으로써, 경제 순환과 경제 법칙이 정치를 비롯한 여타 사회현상으로 인해 무시되어서는 안 된다는 것이다. 경제학은 독립된 학문이다. 따라서 경제 문제를 경제 외적 현상만을 고려해서 해결한다는 것은 불가능하며 사람과 사물의 관계가 중요하다. 두 번째로 개인의 행동은 호모 에코노미쿠스(Homo economicus)의 모델을 준수할 때에만 합리적인 것으로 여겨진다.[53]"

---

53 이브 미쇼 외 31인 지음, 강주헌 옮김, 《문화란 무엇인가 2》, 시공사, 2003년, 34~35쪽

번역자는 경제학의 '축소주의'라 번역했지만 '환원주의 (reductionism)'라고 하는 것이 더 나을 듯하다. 경제학의 독립성이나 합리성을 추구하는 경제학적 사고방식은 존중되어야 하겠지만, 경제학이 사회현상이나 인간 감성까지 합리적으로 해석하는 데는 한계가 있을 수밖에 없다. 따라서 환원주의적인 경제학은 감성이나 창의성을 기반으로 하는 문화나 문화적 자본을 이해하는 데 있어서 유용한 인식 틀이 될 수 없다.

　다음으로는 사회와 문화의 관계를 생각해보자. 사실 경제와 사회·문화는 구분이 잘 되지만 사회와 문화의 구분은 모호하다. 보통 사회라 하면 인간 무리라는 외면적 틀을 가리키고, 문화는 인간의 역동적 삶 속에서 나타나는 행위양식이나 가치를 아우르는 말이다.

　사회와 문화는 동전의 양면 같은 관계다. 사회학 교재에는 보통 '사회가 그릇이라면 문화는 그 그릇에 담겨 있는 내용물'이라고 설명되어 있다. 사회가 형식이라면 문화는 콘텐츠나 내용에 해당된다는 것이다. 사회는 문화 없이 성립될 수 없고, 문화는 사회 속에서 성장, 발전한다. 문화는 사회를 생활양식이라는 측면에서 들여다본 것이라 할 수 있다.

　미국의 저명한 사회학자 탈코트 파슨즈(Talcott Parsons)는 '문화가 유형 유지의 측면에서 본 것이라면, 사회는 통합의 측면에서 본 것'이라고 설명하기도 한다. 또한 문화는 사회적 연대의 기초다.[54] 같은 문화를 공유하는 사람에게는 서로 간에 동류의식이 싹튼다. 해외에 나가면 이런 사실을 피부로 절감할 수 있다. 문화가 달라 어려움을 겪는 해외 유학생이나 재외동포들이 한인촌을 이루고 모임을 가지면서 결속력이 강해지는 것이 좋은 예다. 같은 언어를 사용하고 같은 종교를 갖는 사람끼리는 친근감이 생기는데, 그 바탕에는 '문화적 연대의식'이 깔려 있다.

이렇게 경제, 사회, 문화에 대한 각각의 개념 정의와 함께 서로간의 관계를 살펴보았다. 하지만 개념은 우리 관념이나 인식 속에서 이루어지는 것일 뿐, 손에 잡히는(tangible) 물건이나 사실은 아니다. 현실적으로 어디까지가 경제고 사회와 문화의 영역은 어떻게 구분되는지 여전히 명확하지는 않다. 사회과학의 용어들은 대부분 추상적이고 비물질적이다.

그럼에도 불구하고 우리는 사회현상, 경제현상, 문화현상을 개념적으로 구분하고 있다. 인식론적 문제는 사상가나 철학자의 몫으로 남겨두기로 하고, 이제 문화에 대해 좀 더 자세하게 살펴보자.

---

54 고영복 편, 《문화사회학》, 사회문화연구소, 1997년, 16〜17쪽

문화에 대한
다양한 정의

　문화에 대한 정의는 무수히 많다. 영국의 문화이론가 레이먼드 윌리엄스(Raymond Williams)는 '문화는 영어단어 중에서 가장 정의하기 힘든 단어'라 단언했고, 로버트 보로프스키(Robert Borofsky)는 '문화를 정의하려는 것은 바람을 멈춰 세우려고 하는 것과 같다'고 말했다.[55]

　인류학자 클라크 위슬러(Clark Wissler)는 문화를 '학습을 통해 획득한 행위'라고 정의했고, 브로니스와프 말리노프스키(Bronislaw Malinowski)는 '세대에서 세대로 전승되는 사회적 유산'이라고 정의했다. 또한 매슈 아널드(Matthew Arnold)는 '인간 사고의 표현'이라고 말했다.

55　데이비드 스로스비 지음, 성제환 옮김, 《문화경제학》, 한울아카데미, 2004년, 21쪽 재인용

문화, 교육, 과학과 관련해 가장 권위 있는 국제기구인 유네스코(UNESCO : 국제연합교육과학문화기구)[56]는 문화를 '건축, 미술, 공예, 디자인, 유산, 복합문화, 토착문화, 공원과 휴양, 종교, 운동 등을 포함하여 인간 생활 전반에 걸친 모든 활동'으로 포괄적으로 규정하고 있다.[57]

문화는 우리의 일상 속에 뿌리내리고 있고 동시에 인류 역사와 궤를 같이해 왔기에 사회성, 역사성을 갖고 있다. 문화(culture)라는 용어는 라틴어 cultura에서 파생된 말이다. 본래 '경작(耕作)'이나 '재배(栽培)'를 뜻했는데, 나중에는 '교양이나 예술' 등의 뜻을 갖게 되었다. 그래서 문화인이라는 말은 교양인, 예술인과도 비슷한 의미로 사용된다.

---

56 유네스코는 교육, 과학, 문화 등 지적 활동 분야에서 국제협력을 촉진함으로써 세계 평화와 인류 발전을 도모하기 위해 만들어진 유엔전문기구로 UNESCO라는 이름은 '국제연합 교육·과학·문화 기구(United Nations Educational, Scientific and Cultural Organization)'의 영문 머리글자를 따서 만든 것이다. 세계대전의 참화를 겪으면서 항구적 평화는 정치, 경제, 군사 등 물리적 힘만으로는 이룩할 수 없으며 인류의 지적, 도덕적 연대에 기초해야 한다는 인식하에 2차 세계대전 중인 1942년부터 1944년까지 연합국 교육장관들이 영국 런던에 모여 전쟁으로 황폐해진 교육을 재건하고, 교육으로 세계 평화에 기여할 수 있는 방안을 여러 차례 논의한 끝에 교육, 과학, 문화 분야에서 국제 협력을 증진함으로써 세계 평화에 기여하는 국제기구를 창설하기로 뜻을 모았다. 1945년 11월 16일 37개국 대표들이 영국 런던에 모여 '유네스코 헌장'을 채택함으로써 유네스코가 창설되었다. 현재 유네스코에는 193개 정회원국과 12개 준회원국이 가입되어 있으며, 파리에 본부가 있고 전 세계에 걸쳐 58개의 지역사무소와 11개의 산하기구를 두고 있다(유네스코 한국위원회 홈페이지 내용 참조).

57 정철현 지음, 《문화정책론》, 서울경제경영, 2008(2004), 18쪽 재인용

윌리엄스는 문화를 세 가지 방식으로 정의했다. 첫째, 문화는 지적, 정신적, 심리적 계발의 일반적 과정으로 인간의 생활양식, 인간의식, 규범, 가치 등을 가리킨다. 둘째, 문화는 한 시대나 집단의 특정한 생활양식이다. 셋째, 문화는 지적 작품이나 실천행위로 정의되는데, 이때의 문화는 우리가 흔히 이야기하는 문화예술 활동, 즉 음악, 미술, 문학 등을 가리킨다.[58]

사회학에서는 문화에 대한 정의를 광의의 정의와 협의의 정의로 나눈다.

광의의 문화는 사회적 존재인 인간이 역사적으로 만들어낸 모든 물질적, 정신적 소산을 말한다. 이 중 정신적 산물을 물질문명과 구분하면서 협의의 문화로 정의한다.

영어나 프랑스어와 달리 독일어에서는 문명과 문화를 엄격하게 구분한다. 문화를 의미하는 Kultur와 문명을 뜻하는 Zivilisation은 본질적으로 다른 영역이다. 독일어의 문명(Zivilisation)은 기계, 공학, 건축물, 기술적 발명품 등 물질적 요소를 가리키고, 문화(Kultur)는 사회의 가치관, 이상, 지적으로 높은 수준에 있는 예술적, 윤리적 특질과 결부되는 개념이다.

---

58 정철현 지음, 《문화정책론》, 서울경제경영, 2008(2004), 16쪽

"'문화'는 독일어 '쿨투어'(Kultur)를 옮긴 말이다. 문화라는 말을 처음 사용한 이는 구와키 겐요쿠(1874~1946) 도쿄대학교 철학과 교수다. 그는 1915년 칸트의 논문을 옮기면서 쿨투어를 문화로 번역했다. "시빌라이제이션(civilization)이 물질적 설비의 진보를 비롯한 유형의 각종 제도나 기계의 응용 등을 가르키는 것이라면, 쿨투어는 정신적 이상적 방면, 즉 예술이나 종교나 도덕이나 학문 등의 진보를 말한다.59"

세계지성사를 풍미했던 독일 철학이 전 세계로 보급되는 과정에서 문명과 문화를 구분했던 독일적 관점도 은연중에 확산되었다. 이 때문에 문화를 정신적 소산(high culture)으로, 문명은 물질적 소산으로 구분하는 암묵적 경향이 생긴 것이다. 문화를 정신적 소산으로 이해하는 관점은 사회학에서의 문화에 대한 협의의 정의와 비슷하다.

광의의 문화 개념이 옳은지, 협의의 문화 개념이 옳은지를 따지는 것은 별 의미가 없다. 이런 개념은 문화를 인식하고 이해하기 위한 방법론적 도구일 뿐이다. 개인적 견해로는 문화에 대한 철학적, 인식론적 이해에서는 광의의 문화 개념을 사용하고,

---

59 한겨레, 2019년 10월 21일
    http://www.hani.co.kr/arti/area/honam/913966.html#csidx10e1091aba8b70ebf659fc3
    a6e0f94d

문화적 가치가 중요하다 · 113

문화현상에 대한 각론으로 들어갈 때는 협의의 문화 개념을 사용하는 것이 좋을 것 같다.

문화에 대한 합의된 정의가 없음에도 불구하고, 가장 빈번하게 인용되고 통용되는 정의는 영국의 인류학자 에드워드 버넷 타일러(Edward Burnett Tylor, 1832~1917)의 정의다. 문화인류학의 아버지라 불리는 옥스퍼드대학교 최초의 인류학과 교수 타일러는 자신의 저서 《원시문화(Primitive Culture, 1871)》에서 문화를 '지식, 신앙, 예술, 도덕, 법률, 관습 등 인간이 사회구성원으로서 획득한 능력 또는 습관의 총체'라고 포괄적으로 정의했다.

타일러식의 정의에 근거할 때, 문화의 상대어는 무엇일까? 만약 야만이나 원시 등을 떠올린다면 문명과 문화를 혼동하고 있는 것이다.

문화(culture)의 상대어는 야만이 아니라 자연(nature)이다. 야만(barbarism)은 문명의 상대어다. 자연은 선천적으로 주어진 본연의 상태를 일컫는 말이고, 여기에 인간의 지적 활동이나 노동이 작동해 만들어진 모든 인공적인 산물은 문화다. 태어날 때의 본성은 nature고 사회적 존재로 관계 맺으면서 후천적으로 사회화되고 습득한 것은 culture라 할 수 있다. 그러므로 모든 인간 활동의 소산은 문화이며, 따라서 문화의 주체는 인간이다. 우주 삼라만상과 모든 생명체 중에서 인간은 문화 활동을 하는 유일한 주체다. 그런 의미에서 문화는 인간을 다른 동물과 구분해주는 가장 특징적인 영역이라고 할 수 있다.

독일 철학자 임마누엘 칸트(Immanuel Kant, 1724~1804)는 성경에 나오는 천지창조와 인류의 출현 과정을 통해 문화의 기원을 논했다. 성서에 의하면 하나님은 인간에게 에덴동산의 선악과는 절대 따먹지 말라고 명령했으나 인간은 뱀의 유혹에 못 이겨 선악과를 따먹었고, 그로 인해 에덴동산에서 쫓겨났다. 쫓겨난 인간은 인간의 삶에 필요한 모든 것을 스스로 만들어야 했고, 그렇게 해서 만들어진 것이 신화, 종교, 예술, 언어, 과학, 규범, 기술 등이었다.

이 모든 것이 인간의 문화다. 신의 관점에서 볼 때 선악과를 따먹은 것은 하나님의 명을 어긴 죄였지만, 인간의 관점에서 보면 인간 스스로 내린 결정이고 결단행위였기에 '인간 자유의지의 실현'이었던 것이다.

만약 인간이 선악과를 따먹지 않았다면, 그래서 에덴동산으로부터 추방되지 않았다면 인간은 결코 인간의 세계, 인간의 문화를 만들 수 없었을 것이다. 그래서 칸트는 '문화는 자연의 보호상태(에덴동산)로부터 자유의 상태로의 이행'이라고 정의했다(칸트의《역사철학》).

프랑스 문화부 홈페이지에는 문화에 대한 여러 가지 설명이 나오는데, 그중 '문화는 자유를 실현하는 장'이라는 표현이 나온다. 칸트의 문화 해석과 같은 맥락이다. 문화는 자유를 실현하는 수단이자 결과이다. 또한 그 과정은 새로운 것을 창조해내는 과정이다.[60]

역사적으로 인간은 공동체를 이루면서 많은 능력과 관습을 만들었고, 사회마다 시대마다 고유한 문화들을 만들어 왔다. 어떤 문화는 오래 지속되었고, 어떤 문화는 금방 사라졌다. 동시대의 모든 사회에 공통적으로 나타나는 문화도 있고, 어떤 문화는 특정 사회구성원들만 공유하기도 한다.

우리 몸과 물리적 세계, 자극과 이를 다루는 우리의 지적 능력, 동물적 충동과 이러한 충동을 감정이나 열정으로 승화시키는 방법 등의 사이에는 언제나 문화가 개입되게 마련이다. 인성(人性), 신화, 문학, 종교, 예술, 무속, 오락, 윤리의식 등은 모두 넓은 의미에서 문화다. 벌거벗은 원숭이인 우리는 결코 세계를 벌거벗은 모습으로 만나지 못한다. 페터 슬로터디예크(Peter Sloterdijk)가 말했듯 우리는 인공부화기, 좀 더 정확히 말하면 하드 테크놀로지인 기술과 소프트 테크놀로지인 문화가 뒤섞인 세계에서 만들어진다.[61]

---

60 최연구 지음, 《문화콘텐츠란 무엇인가》, 살림출판사, 2006년, 14~15쪽
61 이브 미쇼 외 31인 지음, 강주헌 옮김, 《문화란 무엇인가 2》, 시공사, 2003년, 19쪽

사회학의 연구대상은 사회다. 사회는 다름 아닌 '인간공동체'
다. 결국 사회학은 인간과 사회를 관찰하고 연구하는 학문이다.
사회가 인간을 둘러싸고 있는 거대한 구조물이라면, 그 구조 속
에 담겨 있는 제도, 가치, 규범, 종교, 과학기술 등 내용물들이
문화다.

문화로서의
과학과 기술

　문화라고 하면 흔히 인문적, 정신적 영역이 강조되고 첨단과학기술과 거리가 먼 영역이라고 생각하기 쉽지만 과학, 기술도 엄연히 문화의 일부다.

　특히 첨단기술이 현대인의 삶이나 문화생활을 바꾸어 놓으면서 과학기술과 문화는 점점 떼려야 뗄 수 없는 관계가 되고 있다. 과학이 문화와 별개 개념이라 생각하는 것은 잘못이다. 인류 역사를 되돌아보면 인간은 자연과 함께 살아오면서 과학을 통해 자연의 이치와 법칙을 밝혀내고 이해해 왔다. 또한 기술을 통해서 자연 속에서 살아가는 방식을 터득해 왔다.

　과학이 자연에 대한 '앎의 방식'이라면, 기술은 과학지식을 기반으로 역사를 개척해 온 '삶의 방식'이라 할 수 있다. 과학기술은 자연과 인간의 공존을 위한 매개체고 과거, 현재, 미래를 이어주는 고리다. 과학과 기술이 발달하면 자연이 파괴되고 자연과 인간의 거리가 멀어질 거라고 생각한다면 이는 과학기술에 대한 오해다. 인간 역사의 산물인 과학기술은 인간이 자연을 인지하고 함께 공존하며 만들어낸 자산이다. 인간은 과학을 통해 자연을 이해하고 기술을 통해 자연과 공존한다.

문화의 차이는 살아가는 방식의 차이로 나타나는데, 오늘날 살아가는 방식의 차이를 결정짓는 가장 중요한 요소가 바로 과학기술이다. 아프리카 후진국과 유럽 선진국의 모습을 생각해보면 그 차이의 중심에는 과학기술이 있음을 알 수 있다. 사파리의 문화와 에펠탑의 문화의 차이, 정글의 삶과 초현대적 쇼핑몰이 있는 삶의 차이는 결국 과학기술에 있다고 해도 과언이 아니다.

인간은 과학을 통해 새로운 것을 발견하고, 기술을 통해 새로운 것을 만든다. 이렇게 해서 만든 것을 수용하고 사용하면서 삶의 방식은 변화한다.

과학으로 인식 폭이 넓어지고, 기술로 문명의 이기(利器)는 진화한다. 새로운 기기를 사용하면 더 멀리 보고 더 멀리 소리를 전하고 더 멀리 이동할 수 있다. 단순한 삶의 방식의 변화가 아니라 문화적 삶의 지평이 확대되는 것이다. 손으로 쓰는 것보다는 타자기를 사용하는 것이, 짚신을 신고 걸어가는 것보다는 자동차를 타고 빨리 가는 것이 분명 진화된 삶이다.

과학기술의 산물은 삶을 편리하게 해주고 기존에 없던 새로운 방식의 삶을 우리에게 제공한다. 과학을 문화로 받아들이고 과학이 자연스런 문화가 될 때, 과학은 문화의 지평을 넓혀주고 인간을 좀 더 자유로운 존재로 만들어준다. 과학기술과 함께하는 삶은 더욱 문화적인 삶이다.

이제는 과학기술 없이 하루도 살아갈 수 없는 세상이 되었다. 아침에 우리를 깨우는 알람시계, 출퇴근 시에 이용하는 전철이나 자동차, 늘 손에 달고 다니는 스마트폰, 이것 없이는 업무가 가능하지 않은 컴퓨터, 우리의 여가생활을 책임져 주는 영화와 텔레비전, 일상이 되어버린 인터넷 등 어느 것 하나 과학기술의 산물 아닌 것이 없다. 또한 오늘날은 대부분의 레저, 문화, 여가 활동이 첨단기술이나 디지털기기와 함께한다.

어떻게 보면 과학기술은 인간 욕망의 산물이라 할 수 있다. 구글의 자회사 딥마인드가 개발한 인공지능 알파고는 인간 대표인 바둑 천재 이세돌을 꺾음으로써 가공할 위력을 보여주었다. 첨단기술의 상징인 인공지능도 결국 더 똑똑해지려는 인간의 욕망이 빚어낸 산물이다.

사전을 찾아보면 욕망(desire)은 '부족함을 느껴 무엇을 가지거나 누리고자 탐하는 것'이라 정의되어 있다. 부족함을 느끼고 없는 것을 가지고자 하는 모험심 강한 유일한 존재가 인간이다.

만물의 영장인 인간은 스스로의 존재와 능력과 한계를 인지할 수 있다. 인간이 누리는 모든 문명의 이기(利器)와 세련된 문화, 첨단과학기술은 모두 부족함과 인간의 한계로부터 시작되었다. 필요가 욕망을 낳고, 욕망이 발명과 창조를 낳았던 것이다. 신(神) 중심의 세계에서 인간 중심의 세계로 전환되는 시점인 근대사회로 접어들면서 과학기술이나 미디어는 인간 욕망 실현을 위한 도구 역할을 충실히 수행했다.

인간이 과학을 연구하고 기술을 개발하고 과학기술의 산물인 미디어를 만들어낸 것은 우선은 인간 능력에 한계가 있기 때문이고, 두 번째는 자연이나 더 넓은 세상에 다가가기 위해 기술적 매개체(미디어)가 필요했기 때문이다. 캐나다의 문명비평가 마셜 맥루한(Marshall McLuhan)은 미디어는 인간 감각의 '연장(prolongation)'이라 설명했다. 인간 감각이 유한하므로 그 감각을 연장하기 위해 만든 기술적 산물이 미디어라는 것이다.

맥루한에 의하면, 옷은 피부의 연장이고 인간의 아름다움을 강화시켜주는 매개체다. 자동차는 인간 다리의 연장이고, 도끼는 손의 연장이며, 안경은 눈의 연장이다. 전화는 귀와 입의 연장이고, 텔레비전은 눈과 귀의 연장이다.

과학기술로 개발된 매개체 덕분에 인간은 자신의 감각능력을 확장할 수 있었고, 새로운 세상을 만들고 대자연에도 더 가깝게 다가갈 수 있었다. 인공지능은 인간 두뇌의 연장이며 인간의 생각을 확장시켜주는 매개체다. 알파고는 바둑의 묘수를 찾기 위해 인간이 고안해서 사용하는 미디어인 셈이다.

과학기술이나 미디어가 지나치게 발달하면 결국 인간을 지배하게 되지 않을까 우려하는 사람들도 많다. 특히 알파고 쇼크 이후 인공지능과 로봇에 대한 두려움이 커지고 있고, 기계나 기술을 싫어하는 테크노포비아의 목소리도 들리고 있다. 사람처럼 생각하는 정교한 인공지능이 만들어지면 인간의 직업 중 많은 부분이 인공지능이나 기계로 대체될지도 모른다.

하지만 기계가 인간의 일자리를 위협한다고 해서 소수의 엔지니어나 개발자를 제외하고 모두 실직자가 되는 세상이 올 리는 만무하다. 그런 우려 때문에 과학기술 발전에 반대하는 것은 목욕물 버리다가 아기까지 버리는 것과 다를 바 없다. 과학기술의 부작용이 있으면 새로운 과학기술을 통해 해결하면 될 일이지, 과학기술을 버리고 석기시대로 되돌아갈 수는 없는 법이다.

생각해보라. 오늘날 과학기술이나 미디어가 없는 세상이 과연 가능이나 할까? 과학기술이 환경과 자연을 훼손한다는 우려 때문에 과학기술을 멀리하면 인간은 경외감의 대상인 자연과도 점점 더 멀어지게 될 것이다. 대자연의 위대함은 인간의 제한적 감각으로 쉽게 다가설 수 없기에, 자연에 다가서기 위해서는 오히려 과학기술이 필요하다. 과학기술은 인간과 자연을 연결해주는 매개체 역할을 한다. 비행기나 탐험 장비 없이 알래스카 오지나 극지의 신비함, 알프스산맥이나 융프라우의 천혜의 아름다움을 접할 수 있겠는가. 자연에 다가가기 위해 오히려 더 많은 과학기술과 매개체가 필요하다는 것이 오늘날과 같은 과학기술사회의 역설이다. 인간의 본능적 열망은 과학기술과 미디어를 통해 실현될 수밖에 없다. 인공지능도 그런 도구적 매개체의 하나다.[62]

인간은 인류 역사의 산물이자 인간 활동의 결과물로 만들어지는 문화나 과학기술과 함께 살아가야 한다. 자연과 문화의 공존, 인간과 과학기술의 조화는 인간사회가 추구해야 할 미래상(未來像)이다.

---

62 이 단락은 저자가 월간 《교육과 사색》 2016년 5월호에 '인공지능과 인간의 욕망'이라는 제목으로 기고한 칼럼의 일부분이다.

문화는
어떤 특성을 갖나

　문화는 크게 일곱 가지의 속성을 갖고 있다. 이를 문화의 7대 속성이라 부른다. 공유성, 학습성, 축적성, 초유기체성, 체계성, 보편성과 다양성, 그리고 가변성이다.

　첫 번째, 문화는 특정인의 특이한 행동이나 사고가 아니라 사회구성원 대다수에 의해 공유된다('공유성'). 몇몇 사람만의 특이한 행동이나 가치관을 문화라고 하지는 않는다. 문화는 한 사회 내에서 일반적으로 공유되는 가치나 생활방식이다. 그래서 문화는 개인이 아니라 집단의 행위양식에 초점을 맞추고 있다. 특정한 개인이 거리에 침을 뱉는 버릇이 있다면 그것은 개인의 나쁜 습성일 뿐, 문화라 말할 수는 없다.[63]

63　민경배 지음, 《신세대를 위한 사회학 나들이》, 퇴설당, 1994(1999), 62~63쪽

두 번째, 문화는 선천적으로 획득되는 것이 아니라 후천적 학습을 통해 습득('학습성')된다. 앞서 언급했듯이 선천적으로 타고난 본성은 자연(nature)의 영역이며, 후천적으로 교육이나 경험을 통해 습득된 것이 문화다. 그래서 문화에 있어서는 교육이나 사회화가 특히 중요하다.

이는 비단 제도교육에서 그치는 것이 아니라 평생 동안 계속된다. 학교 교육을 통해 가치나 규범을 체화하더라도 이걸 갖고 평생 살 수는 없기 때문이다.

직장, 군대, 교도소 등 다른 사회로 편입되면 다시 새로운 가치나 규범을 내재화하는 이른바 '재사회화'가 이루어진다. 지식기반사회에서는 물건이나 자본 등 유형의 자산보다는 무형의 가치나 지식, 정보가 중요하므로 평생학습, 평생교육이 더욱 중요하다.

세 번째는 '축적성'이다. 문화는 일시적으로 생성됐다가 소멸되는 것이 아니라 지속되는 속성을 띤다. 또 학습을 통해 세대에 거쳐 전승되고 축적된다. 기록이나 기억의 전승이라는 방식으로 문화는 시간을 두고 지속된다.

네 번째, 문화는 인간이 만든 것이지만 일단 창조된 문화는 인간으로부터 독립적으로 존재하고 각 개인에게 구속력을 가진다. 이를 문화의 '초유기체성'이라 부른다. 인간유기체를 초월해서 인간 의식의 바깥에 마치 '사회적 사실(Fait social)[64]'처럼 존재한다는 것이다. 우리가 문화적 가치나 규범을 따르고 사회 구조의 틀을 벗어날 수 없는 것은 초유기체적 문화의 영향 속에 있기 때문이다.

상대방이 손을 내밀면 악수의 의미로 받아들여 자연스럽게 손을 내밀고, 훌륭한 연주가 끝나면 모두 일어서서 박수를 치는 등의 행위는 사회구성원들이 각자 문화의 의미를 내면화하고 있기 때문에 가능하다. 상대방이 손을 내미는데 머리를 흔들거나 남들이 모두 기립박수를 치는데 혼자 멀뚱히 앉아있을 수는 없는 것이다. 이런 것이 문화의 초유기체성이다.

문화의 초유기체성을 문화의 '객관성'이라고 표현하기도 한다. 문화는 사회구성원이 공유하므로 개인을 구속하는 객관적 실체라는 것이다. 우리나라에서는 식당에서 코를 푸는 행위가 눈총을 받지만 트림을 하거나 숭늉을 마시고 입을 헹구는 것은 용인된다. 하지만 미국 사회에서는 이와 반대다. 또한 우리나라에서는 냉면이나 자장면을 가위로 잘라주지만 미국 식당에서는 절대 가위를 사용하지 않는다. 이렇게 사회제도, 규범, 도덕,

---

64 '사회적 사실(Fait social : Social Fact)'이라는 개념은 프랑스의 사회학자 에밀 뒤르켐의 개념이다. 사회현상은 인간의 관념이나 인지를 통해서만 존재하는 것이 아니라 하나의 물건처럼 객관적 실체로 존재한다는 것이다.

풍습, 관습 등이 개인을 구속하는 것은 문화의 '초유기체성(객관성)' 때문이다.[65]

사회과학에서는 사회를 바라보는 두 개의 큰 흐름이 있다. 하나는 사회명목론(社會名目論)[66]이고, 다른 하나는 사회실재론(社會實在論)이다. 전자는 사회가 명목적으로만 존재할 뿐이라고 생각하면서 사회를 주관적 개념이나 인식의 산물로 보는 입장이다. 하지만 후자는 사회도 엄연한 '사실(물건)'처럼 존재하고 사회구성원인 인간에게 구속력을 행사한다고 보는 입장이다.

문화의 초유기체성은 사회실재론적 관점과 맥락을 같이 한다. 인간의 주관적 의지나 관념이 본질이라 보는 주관주의적 사회과학과는 달리 사회적 영향력과 문화의 구속력이 인간의 주관을 넘어 엄연히 외재한다고 본다.

다섯 번째는 문화의 '체계성'이다. 문화는 지식, 신앙, 예술, 도덕, 관습 등 다양한 부분들로 구성되는데, 각 부분들이 통합된 전체로서의 문화를 구성한다는 것이다. 문화의 외연이라고 할 수 있는 사회 역시 얼핏 보기에는 관계없는 많은 요소로 구성되어 있는 것처럼 보이지만, 들여다보면 서로 긴밀하게 연결되어 있다. 예컨대 100% 순수한 경제현상, 순수한 종교현상은

---

65   정철현 지음, 《문화정책론》, 서울경제경영, 2008(2004), 32~33쪽
66   사회유명론(社會唯名論)이라고도 한다.

없다. 어떤 현상이든지 여러 분야에 걸쳐 있거나 다른 영역에 서로 영향을 미치면서 연계되어 있다.

1997년 우리 사회를 위기로 몰아넣었던 IMF를 예로 들자면, 이 위기는 외면적으로는 외환보유고 부족으로 빚어진 금융위기이고 경제현상이었지만 경제현상으로만 볼 수는 없다. IMF로 인해 사회적 연대 위기가 나타났고 자살, 대량해고, 소외현상이 증가했으며 가족해체 현상이 나타나거나 문화시장이 축소된 것 등은 문화현상이나 사회현상이라 할 수 있다.

사회가 고도로 발전하면 할수록 영역 간 구분은 더 어려워진다. 경계를 무너뜨리려는 포스트모더니즘 철학은 이런 배경에서 등장했다. 연계와 맥락의 관점에서 바라봐야 거시적, 통합적으로 사회현상을 이해할 수 있다.

여섯 번째로는 '보편성과 다양성'을 들 수 있겠다. 문화는 보편적 측면도 있고 특수한 측면도 있다는 것이다. 공동생활로 이뤄지는 사회에는 반드시 문화가 있지만(문화의 보편성), 사회에 따라 문화의 내용이나 특성은 다양하다(다양성). 하루에 세끼 먹는 것은 인류 식문화의 보편성이고, 무엇을 어떻게 먹는가 하는 것은 사회마다 시대마다 다르므로 문화의 다양성이다.

마지막으로는 문화의 '가변성'이다. 문화는 고정불변이 아니라 변화한다는 것이다. 문화는 세대에서 세대로 전승되지만 똑

같은 내용으로 전승되는 것이 아니다. 새로운 내용이 첨가되거나 일부 내용이 소멸되면서 전승된다. 이런 과정이 바로 문화의 진화이며 발전이다.

이렇게 문화는 일곱 가지의 큰 속성67을 가지고 있지만 모든 문화에서 7대 속성이 다 나타나지는 않는다. 각 사회에서 관찰되는 사회현상을 아무리 일반화시켜도 여전히 특수한 측면은 존재하기 마련이다.

---

67 정철현은 문화의 7대 속성으로 '보편성과 다양성' 대신 '생활성'을 들었다. 문화가 인간의 삶 속에서 축적되기 때문에 일상생활과 밀접한 관련이 있다는 것이다. 즉, 개인의 사고와 행동은 다양한 문화적 틀 속에서 결정되고 가부장문화, 남성중심문화, 집단이기주의문화, 아줌마문화, 엽기문화 등 다양하게 생겨나는 문화에 의해 직간접적인 영향을 받는데 이를 문화의 생활성이라 표현하고 있다(정철현 지음, 《문화정책론》, 서울경제경영, 2008(2004), 33~34쪽).

가치라는 관점에서 본
경제와 문화

인간의 삶에 있어서 '가치(價値)'는 매우 중요하다. 사물의 가치는 보통 그것이 가진 쓸모를 뜻한다. 쓸모 있는 물건인가, 아니면 아무 짝에도 쓸모없는 물건인가의 판단기준은 가치다. 사람에게도 마찬가지로 적용될 수 있다. 가치 있는 인간이란 사회적으로 쓰임새가 있고 사회에 기여하는 사람이다.

철학적으로 가치는 '어떤 사물이나 대상이 인간과의 관계에서 가지게 되는 중요성'을 뜻하는데 진, 선, 미 등 인간이 관심을 갖는 대상이나 목표가 바로 가치다. 즉, 참된 것인가, 선한가, 아름다운가 등은 인간적 가치의 출발점이다. 경제 활동은 물론이고 문화 활동, 종교 활동, 예술 활동, 사회 활동 등 모든 활동은 가치를 추구한다.

가치 없는 행동에 시간과 비용을 투자하는 사람은 없다. 어떤 사람이 자신의 노력과 시간, 돈을 쏟아붓고 있다면, 그 행위에는 분명 그 사람이 추구하는 가치가 있다. 특히 경제학은 재화나 용역을 다루는 학문이므로 교환가치, 효용가치, 부가가치 등 가치의 문제가 본질적이다.

철학자와 사상가들도 오랫동안 가치에 대해 성찰하고 연구해왔다. 비교적 신생학문인 경제학도 가치에 대한 성찰을 중심으로 발전해 왔다.

경제학적 정의에 의하면, 가치는 '재화 또는 서비스의 유용성(有用性) 및 유용성을 위해 투입된 비용의 다과'를 가리킨다. 물론 그 유용성이 객관적, 절대적이지는 않다. 주관적 유용성도 경제학에서는 의미가 있다.

경제현상을 이해하는 데 가치는 매우 중요하다. 자본이 무엇인지, 상품가격은 어떻게 매겨지는지, 왜 이윤이 발생하는지 등 자본주의의 작동원리를 잘 이해하려면 가치를 꼭 알아야 하기 때문이다.

경제학에서 가치에 대한 본격적 논의가 시작된 것은 고전경제학자들에 의해서다. 《국부론(Wealth of Nations, 1776)》의 저자 애덤 스미스(Adam Smith, 1723~1790)는 재화의 사용가치와 교환가치를 구별한 최초의 학자다. 재화의 사용가치는 인간욕구를 만족시키는 힘이며, 재화의 교환가치는 특정재화 1단위를 획득하기 위해 포기할 용의가 있는 다른 재화 또는 서비스의 크기다. 19세기 정치경제학자들은 생산비에 기초한 가치이론을 제안했고, 이들은 소득분배를 규정하는 기본법칙으로서 재화의 가치는 제조과정에서 사용된 투입물의 비용에 따라서 결정된다고 주장했다.[68]

가치론에 있어서 가장 설명이 어려운 부분은 문화예술이다. 문화나 예술에서의 가치는 때로는 경제적 가치와 상충되기 때문이다.

경제학에서는 이런 이유로 애당초 문화와 예술에 대해서는 관심을 두지 않았다. 아마도 문화예술을 경제학으로 설명하는 것은 불가능하다고 생각했기 때문일 것이다.

그런데 사실 고전경제학자들도 문화예술에 대한 이해를 시도하기는 했었다. 문화와 예술에 대해 처음 언급한 학자는 애덤 스미스였다. 그는 〈이른바 모방예술에서 이루어지는 모방의 본성에 대하여〉라는 논문에서 아리스토텔레스 이후 예술의 통설인 '예술의 본질은 자연을 모방하는 것'이라는 견해를 부정하고, '예술의 본질은 창조(오리지널)에 있다'는 완전히 새로운 견해를 제기했다. "식욕을 채운 뒤 즐거움을 주는 것은 자연이 인

---

68 데이비드 스로스비 지음, 성제환 옮김, 《문화경제학》, 한울아카데미, 2004년, 42~43쪽

간에게 준 최고의 선물인 음악과 춤 이외에는 없는 것 같다"라고까지 말했던 스미스는 예술의 본성을 인간 존재 자체에서 찾았던 것이다.[69]

이렇게 인간의 창조적 본성에 주목했던 스미스의 통찰에서 현대 문화경제학의 맹아를 발견할 수 있다.

69   고토 카즈코 엮음, 임상오 옮김, 《문화정책학》, 시유시, 2005년, 82쪽

가치론의
두 가지 흐름

　경제학에서는 가치론을 둘러싸고 두 가지의 큰 흐름이 있다. 하나는 노동가치설과 같은 '객관적 가치론'이고, 다른 하나는 한계효용설과 같은 '주관적 가치론'이다.

　고전경제학은 상품의 생산과정에서 이전되는 가치에 주목하면서 가치의 본질을 밝히려고 했다. 애덤 스미스는 가치가 자본가가 노동자를 지배하는 정도, 즉 임금에 의해 결정된다고 보았고, 데이비드 리카도(David Ricardo, 1772~1823)는 투하된 노동량에 의해 가치가 결정된다(투하노동가치설)고 보았다.

　고전경제학의 노동가치설을 계승한 사람은 칼 마르크스였다. 마르크스는 리카도의 경제학에 더 많은 영향을 받았다. 그는 투하노동가치설을 재해석해 상품을 분석하면서 잉여가치와 이윤의 발생 메커니즘을 설명했다. 상품가격은 상품을 생산하는 데 필요한 고정자본인 생산수단(돈, 공장 등)과 유동자본인 노동임금으로 구성되고 그 이외의 잉여가치가 이윤이라는 것이다. 생산에 필요한 노동력을 재생산하는 데 필요한 시간(필요 노동시간)이 5시간이라고 하고 하루 총노동시간이 9시간이라면 4시간은 잉여가치고 이는 노동을 하지 않는 자본가가 노동자를 착취한 것이라고 해석한 것이다. 어쨌거나 노동가치설은 노동만이 가치의 유일한 원천이라고 보고 있고, 가치도 화폐로 환원이 가능한 경제적 가치로 보고 있다는 점에서 한계가 있다.

18~19세기에는 가치 논의에 있어서 중요한 또 다른 개념이 제기되었다. 바로 '자연가치(natural value)'다. 자연가치란 생산과 비용의 조건에 따라 결정되는 가격이다. 자연가치 개념은 절대가치 혹은 고유가치 개념과 관련되는데, 매매에 의한 교환과 관계없이 독립적으로 특정재화 1단위에 부여되는 불변의 수치, 척도다. 스미스와 리카도는 노동가치론적 관점에서 절대가치를 정의했는데, 리카도는 그의 후기 연구에서 절대가치와 상대가치를 구별했다. 절대가치에 대한 그의 견해는 격렬한 비판에 직면하기도 했다. 비판론자들은 특정재화의 고유가치를 측정할 수 있는 자연적이고 재현 가능한 기준이 존재한다는 사고방식을 경멸했다.

문화경제학의 선구자라 할 수 있는 존 러스킨(John Ruskin, 1819~

1900) 역시 고전적 가치이론을 맹렬히 비판했다. 러스킨은 재화의 가치가 시장의 교환과정에서 결정되고 그 가치를 화폐단위로 측정한다는 사고방식은 사물의 가치, 특히 예술상품의 가치를 평가하는 기준이 되는 고유가치의 원리를 침해하는 것이라 주장했다. 노동자는 노동을 통해 자신이 기쁨을 얻고 생산물의 사용자에게도 유익한 것을 제공한다고 본 것이다. 러스킨은 창조적 생산과정이 노동 자체에 깊이 존재하는 가치와 그 자체로 고유한 가치를 미술 작품과 조각 작품에 전달하는 것이라고 주장했다.[70]

러스킨은 1871년 《무네라 풀베리스(Munera Pulveris)》라는 저서에서 인간의 향수 능력을 가치론의 대상으로 삼았다. '무네라 풀베리스'는 '먼지의 선물'이라는 뜻인데, 물질적 소유를 부로 간주한 당시 경제학이 먼지와 같이 허망한 것이고 자신이 독자들에게 주는 진정한 선물은 생(life)의 발달에 기반을 둔 정치경제학 체계라는 의미에서 붙인 제목이라고 한다. 그는 고유가치를 언급하면서 가치는 비용이나 가격과는 구별되며, 생(life)을 떠받치는 데 도움을 주는 것이라 정의했다. 고유가치는 임의의 물건이 갖는 생을 떠받치는 절대적인 힘이고 유효가치는 고유

---

70 데이비드 스로스비 지음, 성제환 옮김, 《문화경제학》, 한울아카데미, 2004년, 43~44쪽

가치와 그것을 즐기는 능력(향수능력)이 동반될 때 비로소 존재한다고 그는 설명했다.[71]

한편 한계효용설은 객관적 가치론과는 근본적으로 다른 가치론을 주창했다. 이 학설은 1870년대 오스트리아의 C. 멩거, 영국의 W.S. 제번스, 프랑스의 M.E.L. 왈라스 등에 의해 고안된 가치이론 체계로 오늘날 근대경제학의 주류를 이루고 있다.

일정량의 재화나 서비스가 그것을 소비하는 특정인의 욕망을 만족시키는 정도가 개인적 효용인데, 한계효용설에서는 '효용(效用, utility)'이라는 주관적 가치에 주목한다. 상품가격도 그 상품을 생산하는 데 투하된 노동량에 의해 결정되는 것이 아니라 상품이 소비자에게 주는 주관적 욕망의 정도에 의해 결정된다고 보고 있다.

특히 여기서는 '한계효용(marginal utility)' 개념이 중요하다. '한계효용'이란 '어떤 재(財)의 소비량의 추가단위 혹은 증분(增分)으로부터 얻는 효용'을 말한다. 추가 1단위, 즉 한계단위의 효용이 한계효용이다.

프랑스의 작가이자 문학교사인 필립 들레름의 에세이집 중 《첫 맥주 한 모금》이란 책에는 다음과 같은 내용이 나온다.

71　고토 카즈코 엮음, 임상오 옮김, 《문화정책학》, 시유시, 2005년, 83~84쪽

"중요한 것은 딱 한 잔이다. 그다음에 마시는 맥주는 마시는 시간만 점점 더 길어지고, 평범해질 뿐이다. 그다음 잔들은 미지근하고, 들척지근하고, 지리멸렬하게 흥청댈 뿐이다. 마지막 잔은 어쩌면 끝낸다는 환멸의 감정 덕택에 어떤 힘 같은 것을 되찾을지도 모르지만…… 첫 잔은 목구멍으로 넘어가기 전에 시작된다. 입술에서부터 벌써 이 거품 이는 황금빛 기쁨이 시작되는 것이다. 거품 때문에 맥주는 더 시원하게 느껴진다. 그리고 쓴맛을 걸러낸 행복이 천천히 입천장에 닿는다. 첫 잔은 아주 길게 느껴진다! 그러나 실제로는 벌컥벌컥 금방 마셔 버린다. 첫 잔은 본능적으로 탐욕을 채우기 위한 것 같지만, 사실은 그렇지 않다. 맥주 첫 잔이주는 기쁨은 하나의 문장처럼 모두 기록된다. 이상적인 미끼 역할을 하는 것은 지나치게 많지도, 적지도 않은 적당한 맥주의 양이다. 맥주를 들이켜면, 숨소리가 나고, 혀가 달싹댄다. 그리고 침묵은 이 즉각적인 행복이라는 문장에 구두점을 찍는다. 무한을 향해서 열리는, 믿을 수 없는 기쁨은 벌써 맛보아 버렸다는 것을. (……) 이제 맥주를 마실수록 기쁨은 더욱더 줄어든다. 그것은 쓰라린 행복이다. 우리는 첫 잔을 잊기 위해 마시는 것이다.**72**"

이 유려한 들레름의 수필 문장에서도 우리는 경제학의 원리

---

72 필립 들레름 지음, 김정란 옮김, 《첫 맥주 한 모금》, 장락, 1999년

를 찾아볼 수 있다. 첫 맥주 한 모금이 주는 기쁨과 짜릿함은 그 어느 것에도 비견할 데 없을 정도인데 계속 마시다보면 맛이나 기쁨은 점점 줄어든다. 첫 맥주 한 모금의 한계효용이 가장 크고 계속 마시면 우리가 느끼는 주관적 만족, 즉 한계효용은 줄어드는 것이다.

이렇게 한계단위가 늘어남에 따라 주관적 효용이 점점 줄어드는 것을 경제학에서는 '한계효용 체감의 법칙'이라 부른다. 기업의 경우에도 처음에는 많은 비용을 들여서 신상품을 개발하려고 하는데 그렇게 해서 출시된 상품은 한계효용이 높아 비싼 값으로 팔 수 있기 때문이다. 하지만 판매가 계속되면 한계효용이 낮아져 가격이 떨어진다.

다이아몬드가 물보다
비싼 이유

경제학에서는 한계효용설이 상품가격을 설명하는 데 매우 유용하다고 말한다. 한계효용설은 다이아몬드가 물보다 비싼 이유를 설득력 있게 설명한다. 사람들은 다이아몬드가 없어도 살지만 물이 없으면 못 산다. 그런데도 실제로는 다이아몬드가 물보다 훨씬 비싸다. 경제학자들이 이 가격 차이의 비밀을 해명하는 데는 아주 오랜 세월이 걸렸다.

경제학자들은 그 해답을 한계효용에서 찾았다. 물의 총효용은 다이아몬드보다 크지만 한계효용은 다이아몬드가 훨씬 크다. 한계효용은 교환가치와 연관이 있다. 물은 사용가치는 크지만 교환가치는 크지 않고, 반대로 다이아몬드는 사용가치는 작지만 교환가치는 엄청나게 크다. 경제학자들은 이를 '가치의 역설'이라 부른다. 상품의 가치는 총효용에 의해 결정되는 것이 아니라 한 단위마다 새롭게 느낄 수 있는 한계효용과 이로 인한 교환가치에 의해 결정된다는 것이다.

여가활동이나 기호로 여행, 클럽, 커피를 좋아한다고 할 때, 연중 얼마나 자주, 그리고 얼마의 시간과 비용을 투자하느냐에 따라 각각의 한계효용은 달라진다.

여행 칼럼니스트의 경우는 늘 여행을 다니기 때문에 그 사람이 설사 엄청난 여행 마니아라 하더라도 한 번의 새로운 여행이 주는 한계효용은 작다. 하지만 일반인의 경우는 1년에 여러 번 여행을 가기 힘들기 때문에 여행의 한계효용이 크다.

프랑스인들은 바캉스를 위해 일하는 사람들이라는 말이 있을 만큼 그들은 바캉스를 신성시한다. 프랑스인들이 1년 내내 열심히 일하고 매년 한 번 멋진 바캉스를 떠나는 것은 일상적이지 않은 바캉스가 가져다주는 한계효용이 크기 때문이다.

'열심히 일한 당신, 떠나라!'라는 광고카피도 한계효용 개념으로 이해하면 더 이해하기 쉽다. 클럽이나 나이트 같은 데도 처음 갈 때는 스트레스가 일시에 해소되는 것처럼 한계효용이 크지만 자주 가게 되면 한계효용은 줄어들 수밖에 없다. 커피도 하루 일상에서 첫 잔이 주는 만족도는 크지만 계속 마시면 한계효용은 낮아진다. 이렇게 상품시장에서 재화나 서비스의 가격은 객관적 가치보다는 주관적 가치에 의해 좌우되는 경우가 많다. 그렇다고 해서 모든 가치가 주관적인 것은 아니며 객관적 가치나 노동가치를 무시해서도 안 된다. 또한 한계효용 체감의 법칙이 적용되지 않는 예외도 존재한다. 경제학자 자비에 그레프는 예컨대 사랑, 종교적 소명, 마약복용 등에는 이 법칙이 적용되지 않는다며 호모 에코노미쿠스나 한계효용법칙의 한계를 지적했다.[73]

개인의 경험이나 기호로부터 발생하는 주관적 가치나 문화적 가치, 역사적 가치 등은 경제학으로는 설명하기 힘들다. 어쨌거나 가치에 대한 인식은 상품경제뿐만 아니라 문화적 삶을 이해하는 데 있어서 매우 중요하다.

산업화 시대에는 경제적 가치가 사회를 지배하는 근본 가치였고, 사회발전은 곧 경제성장을 의미했다. 성장은 사회적으로 가장 중요한 가치였다.

하지만 경제성장과정에서 성장이 지나치게 강조되면서 실업이나 빈부격차와 같은 모순이 나타나기 시작했다. 성장만능주의로 인한 모순을 '분배'나 '복지' 같은 보완수단으로 해결하고자 했지만 분배나 복지도 경제적인 정책수단이었다.

성장론자나 분배론자나 경제적 관점에서 사회를 바라본다는

---

73 이브 미쇼 외 31인 지음, 강주헌 옮김, 《문화란 무엇인가 2》, 시공사, 2003년, 49쪽

점에서는 큰 차이가 없다. 분배를 강조하면서도 경제적 환원주의로부터 벗어나지는 못했던 것이다. 경제 만능주의 시각은 결국 한계에 봉착했다. 물질적 부가 증가해도 행복이 증가되지 않는 역설적 상황이 나타났던 것이다.

물질적으로 풍요로워지면서 사람들의 생활 패턴은 조금씩 바뀌었다. 성장주의 세계관으로부터 벗어나려는 움직임도 나타났고, 경제적 효용만으로 설명되지 않는 웰빙을 추구하는 생활양식도 확산되었다. 속도 지상주의, 물질 만능주의는 여유와 행복을 추구하는 새로운 패러다임의 도전에 직면하게 된다.

한편 문화는 문화산업이나 문화상품을 통해 경제적 가치를 창출하기도 하지만, 비경제적 관점에서 보면 인간을 인간답게 만들고 창조의 기쁨을 주는 요소로 기능하기도 한다.

새로운 것을 만드는 작업을 우리는 '창조'라고 한다. 창조는 틀에 박힌 공정을 통해 대량으로 판박이를 찍어내는 작업이 아니기에, 문화와 불가분의 관계를 갖는다. 자연의 세계, 신의 세계로부터 독립한 인간은 인간에게 필요한 모든 것을 만들어냈다. 인간이 만들어낸 모든 것, 즉 문화는 인간 창조성(창의성)의 산물이다.

또한 창의성은 다양성을 자양분으로 하고 있음에 주목해야 한다. 비슷한 생각, 똑같은 의견을 강요하는 전체주의 사회에서는 창의적 문화가 꽃필 수 없다. 그런 관점에서 본다면 문화가 발전한 나라는 관용이나 다양성이 뿌리내리고 있는 민주적인 사회다. 다양한 생각의 공존이나 틀을 깨는 기발한 발상으로부터 창조적 문화가 만들어진다.

창조계급이 미래사회를 이끌어갈 것이라고 주장하고 있는 리처드 플로리다 교수 연구그룹은 실증적 사례연구로 문화적 다양성과 차이에 대한 관용이야말로 창조사회의 기반이라 결론지었다.

문화는 경제적 가치와 문화적 가치를 동시에 갖는다

문화산업이 부각되면서 경제학자들 사이에서도 문화상품은 일반적 재화나 상품과는 다른 가치체계와 인식이 필요하다는 관점이 제기되었다. 문화적 가치의 중요성을 주창해온 데이비드 스로스비(David Throsby) 같은 학자가 대표적이다.

경제학자 데이비드 스로스비는 호주 시드니에 소재한 맥쿼리(Macquarie)대학교의 석좌교수다. 그는 1996년부터 1998년까지 국제문화경제학회 회장을 역임했으며 문화경제학의 선구자 중 한 명이다. 시드니대학교에서 농업과학으로 학사 및 석사를 마쳤고, 영국 런던정경대학(London School of Economics and Political Science)에서 경제학 박사학위를 받았다.

그는 오스트리아 사회과학아카데미 회원, 유네스코 '세계문화보고서' 과학위원회 위원을 역임했고, 세계은행, OECD, 유네스코 등 국제기구의 컨설턴트와 오스트리아 정부 위원을 역임하는 등 문화와 관련된 많은 활동을 했다. 그의 대표 저작은 2001년 출간된 《Economics and Culture》인데, 우리나라에서는 2004년 《문화경제학》이라는 제목으로 번역, 출간되었다.

문화경제학이라는 새로운 영역을 개척한 스로스비는 우리나라에도 여러 차례 방문해 문화적 가치와 창조산업의 중요성을 역설한 바 있다. 2007년 3월 우리나라에서 열린 '글로벌 문화포럼'에서는 '글로벌 컨버전스와 문화정책의 도전과제'라는 제목으로 발표를 했다.

> "세계화는 문화산업의 중요성을 부각시켰을 뿐만 아니라 문화정책에 새로운 도전과제를 제시하고 있다. 1990년대 통신기술이 개발되기 이전에 문화상품의 생산과 소비는 주로 국가 및 지역 안에서 이루어졌다. 물론 음악, 영화, 방송과 같은 문화상품이 국제적으로 활발히 거래되었지만, 정보화시대가 도래하면서 문화상품의 세계화가 이루어졌다. (……) 창조산업은 문화적 가치를 창출하는 문화상품과 서비스를 생산하고, 사회의 문화적 욕구 충족에 기여하고 있다. 문화상품 생산이 경제력 향상과 부 창출의 원천으로 간주되는 글로벌 컨버전스 시대에 정부의 문화정책은 시민에게 풍부한 예술 및 문화생활을 책임져야 한다는 사실을 잊어서는 안 된다.[74]"

2008년 1월 제2회 글로벌 서울포럼 참석을 위해 다시 한국을 찾은 스로스비는 '컬처노믹스, 도시의 문화와 경제'라는 제목의 기조연설을 통해 "문화로 창의적 도시를 개발하는 마법 같은 정책은 없으며 문화인프라 구축, 저작권 보호, 창업지원 및 투자 등 복합적 정책과 도시계획, 산업개발, 복지, 관광 등 종합적 접근이 중요하다"고 조언했다.[75]

스로스비는 자신의 저서《문화경제학》에서 문화를 나름대로의 방식으로 정의한다. 첫째, 특정 집단이 공통적 또는 부분적으로 공유하고 있는 태도, 신앙, 도덕, 습관, 가치관, 풍습 등을 묘사하는 보다 넓은 의미의 인류학적, 사회학적 체제, 둘째, 상대적으로 기능적 측면이 강한 것으로 인간생활의 지적, 도덕적, 예술적 측면과 관련되어 행해지고 있는 사람들의 활동과 그 활동에 의해 생산되는 산출물 등 둘로 나눠 설명했다.

이 중 그는 두 번째 의미를 표준적 해석으로 간주하고 있다. 기능적 측면에서 도출된 후자의 '실용적 문화'가 함축하고 있는 특성은 다음의 세 가지라고 말하는데, 이는 문화상품이나 문화산업을 이해하는 데 매우 중요하다.

---

74 한국문화관광연구원, 글로벌 문화포럼 2007 자료집, 100쪽
75 문화일보, 2008년 1월 18일

1 해당 활동은 산출물에 다소간 '창조성'을 포함하고 있다.

2 '상징적 의미'의 생성, 전달과 관계가 있다.

3 산출물은 적어도 잠재적으로는 '지적 재산권'을 내포하고 있다.

이런 세 가지 특성을 적용해 보면, 음악, 문학, 시, 무용, 연극, 미술 등과 같은 전통예술은 세 가지 특성을 가진 '문화'로서의 자격을 갖고 있고 영화제작, 페스티벌, 저널리즘, 출판, TV, 라디오, 디자인 등도 여기 포함될 수 있다.[76]

특히 그는 순수예술의 중요성을 강조하며 대중예술보다 순수예술이 창의성의 원천이 될 수 있음에 유의해야 한다고 강조한다. 문화산업의 발전은 대중 욕구나 시장 수요에 따른 미디어산업, 디지털콘텐츠산업만으로는 한계가 있다는 것이다.

"새로 등장하는 창조산업에서 순수예술의 중요성은 문화산업을 일련의 동심원으로 개념화하면 더 잘 이해할 수 있다. 생산에 투입되는 문화적 또는 창조적 요소는 동심원 중심에서 멀어질수록 줄어든다. 동심원의 중심에는 창조적 예술이 있고 다음 층에는 영화, 방송, 미디어, 출판이, 그

76　데이비드 스로스비 지음, 성제환 옮김, 《문화경제학》, 한울아카데미, 2004년, 23~24쪽

다음 층에는 광고, 패션, 디자인이 있다. 이 모델에서 예술인의 순수창작 아이디어가 외부로 확산되어 동심원 중심에서 멀리 떨어진 산업의 문화 콘텐츠 공급을 촉진하고 있다는 것을 알 수 있다. 이는 창조산업의 기초가 되는 혁신의 힘으로서 창의적 예술인의 역할에 대해 다시 생각하고, 가장 경제 중심적인 정부조차도 창의적 인력에 관심을 기울이는 이유이기도 하다.[77]"

---

[77] 한국문화관광연구원, 글로벌 문화포럼 2007 자료집, 100쪽

예술작품에 담긴
문화적 가치

　문화예술의 문화적 가치는 다소 임의적, 주관적일 수 있지만 여러 관점에서의 비경제적 가치를 포괄한다. 스로스비에 의하면, 예술작품의 문화적 가치는 미학적 가치, 정신적 가치, 사회적 가치, 역사적 가치, 상징적 가치, 진품가치 등의 요소로 분해해 볼 수 있다.[78]

　미학적 가치는 아름다움, 조화, 형식, 미학적 성질 등을 말하고, 정신적 가치는 신앙, 부족, 그 밖의 문화적 집단의 일원으로서 갖는 중요성을 가리킨다. 사회적 가치는 예술작품을 통해 다른 사람과 연대감을 전달하는 측면을 말한다. 또한 과거와의 연대감을 부여함으로써 현재를 투영하는 역사적 연결성을 뜻하

78　데이비드 스로스비 지음, 성제환 옮김, 《문화경제학》, 한울아카데미, 2004년, 18~19쪽

는 것이 역사적 가치고, 의미를 저장하고 전달하는 것은 상징적 가치다. 진품이고 오직 하나뿐이라는 진품가치도 예술작품이 가질 수 있는 문화적 가치다.

2017년 11월 15일(현지 시간) 미국 뉴욕 크리스티 경매에서는 르네상스 시대 화가 레오나르도 다빈치(1452~1519)가 그린 것으로 추정되는 예수의 초상화 '살바토르 문디(salvator mundi)'가 경매 사상 최고가인 4억 5,030만 달러에 낙찰됐다. 우리 돈으로 4,977억 원에 달한다. '구세주'를 뜻하는 '살바토르 문디'는 레오나르도 다빈치가 1505년에 그린 것으로 추정되는 작품이다. 그림 속 예수는 오른손으로 축복을 내리고, 왼손에는 크리스털 보주를 잡고 있다. 이 작품은 2011년 런던 내셔널 갤러리 전시회에서 전문가들로부터 진품 판정을 받았다.[79]

아무리 위대한 미술작품이라고는 하지만 그림 한 점에 약 5천억 원의 가치가 있을까. 이 그림에 매겨진 가치는 효용가치도 아니고 노동가치도 아니며 바로 문화적 가치, 특히 진품가치다. 만약 그 작품이 어느날 전문가들에 의해 다시 위작 판정을 받는다면 천문학적인 가격을 호가하던 이 그림의 가격은 순식간에 헐값으로 추락하고 말 것이다. 바로 이런 것이 진품가치다.

---

79 국민일보, 2017년 11월 18일
http://news.kmib.co.kr/article/view.asp?arcid=0011912427&code=61131111&cp=zu

진품가치는 결코 객관적인 가치가 아니다.

보통 사적 재화는 '가격'으로 경제적 가치를 측정하지만 문화재나 박물관 등의 공공재는 시장가격으로 환산하기가 어렵다. 이럴 경우 '지불 의사(WTP : willingness to pay)'라는 개념으로 경제적 가치를 측정하는 방법을 사용하기도 한다. 가령 박물관, 미술관 입장료의 경우 여러 가지 다른 선택이 있을 수 있음에도 불구하고 그만큼의 비용을 지불하고 이용할 의사가 있는가를 조사해 가치를 평가한다.

경제학자 새뮤얼슨(Samuelson)은 공공재에 있어서 개인은 무임승차자(free rider)가 되려는 동기를 가지기 때문에 공공재에 대한 수요를 자발적으로 나타내지는 않는다고 설명했다. 이 때문에 경제학에서는 공공재에 대한 수요조사, 설문조사 등의 방식을 사용하지 않았다. 하지만 문화재에 대한 가치평가 필요성 등이 대두되면서 최근에는 공공재의 지불 의사를 설문조사 등 방식으로 평가하는 이른바 '가상가치평가법(CVM : Contingent Valuation Methods)'이 새롭게 조명되고 있다.

문화경제학에서도 CVM은 하나의 방법론으로 원용된다. CVM 등 계량 방식의 측정기법에도 불구하고 경제적 가치를 문화적 가치로 환산하거나 문화적 가치를 설득력 있게 평가하는 것은 여전히 어려운 일이다. 스로스비 자신도 문화상품에 대해

지불 의사가 있음을 측정하는 척도가 문화상품의 가치를 적절하게 표현한다고 볼 수 없는 많은 이유가 있다고 지적하고 있다. 가장 중요한 이유로 '문화적 가치는 그 작품 및 기타 문화적 현상에 고유한 것이며, 그 작품에 대한 소비자의 반응과는 독립적으로 존재함'을 들고 있다.[80]

경제적 가치는 서로 다른 상품에 대한 다양한 개인적 욕구의 원천을 구체화한다. 그리고 상품간의 선호도를 통하여 개인 욕구를 양적으로 측정할 수 있는 하나의 척도로 변환한다.

반면 문화적 가치에는 측정할 수 있는 공통단위가 존재하지 않는다. 문화적 가치는 다면적이고 변화하는 것이며, 단순히 양적으로 측정할 수 없는 요소를 내포한다. 문화적 맥락에서의 가치란 누군가가 사물이나 경험에 대한 가치를 인식하는 것으로 볼 수 있는데, 그렇다면 그 가치는 개인의 지적 수준, 교육 정도, 문화적 취향 등에 따라 달라질 수 있다.

경제와 문화는 인간행동을 규정짓는 가장 기본적인 두 가지 동인이다. 물질적 자원을 지배하고자 하는 욕구는 경제적 활동으로 나타나는 많은 것들에 대해 충동과 지배로 표출된다. 동시에 사람들은 문화적 측면에서 정체성, 소속감, 창조적 표현, 타

---

80 데이비드 스로스비 지음, 성제환 옮김, 《문화경제학》, 한울아카데미, 2004년, 60쪽

인과의 연계 및 관심 등에 대한 비물질적 충동으로 우리가 어떻게 세계를 인식하는지, 또 세계 속에서 우리 위치가 어떠한지를 이해하게 된다. 스로스비는 보다 나은 세계를 원한다면 경제와 문화 사이의 관계를 좀 더 깊이 이해해야 한다고 결론지었다.

자본에 대한
성찰이 필요하다

자본주의 사회는 인간적 사회는 아니다. 자본주의라는 이름부터 그러하다. '자본주의(資本主義)'란 문자 그대로 돈이 근본이 되는 것을 말한다.

우리는 어린 시절부터 학교 교육에서 인본주의의 가치에 대해 귀에 못이 박히도록 교육을 받아왔지만, 막상 학교를 졸업하고 밖에서 만나는 세상은 인본주의 사회가 아니라 철저한 자본주의 사회다. 모든 것이 정의로운 사필귀정의 사회, 인간적 정(情)과 우애가 넘치는 사회가 아니라 승자독식, 무한경쟁이 판을 치고 약한 자는 도태되는 정글의 법칙과 약육강식 논리가 지배하는 무지막지한 사회다. 경쟁력 제고, 사회적 연대, 게임의 룰 운운하며 자본주의 경쟁을 정당화시켜 보지만 본질적으로 인간미가 넘쳐나는 훈훈한 사회가 아닌 것만은 분명하다.

인문학적 관점에서 보면 사람보다 돈이 더 근본이라는 것은 아무래도 듣기 불편한 시대적 모순이다. 자본 역시 인간 역사의 산물일 텐데 말이다. 물신성, 인간소외 등 자본주의의 근원적 모순은 바로 여기서 시작된다. 요컨대 우리가 살고 있는 자본주의 사회는 널리 인간을 이롭게 하는 '홍익인간(弘益人間)' 사회라기보다는 자본이 절대 유리한 '홍익자본(弘益資本)' 사회다.

하지만 자본주의가 역사적으로 태동해 자리를 잡고 뿌리를 내리면서 그간 많은 변화가 있었다. 근대화, 산업화에 기반하고 있는 고전 자본주의와 오늘날의 자본주의는 여러 가지 면에서 분명 차이가 있다.

자본의 원천이 되는 가치는 어디서 오는가, 자본의 모습은 어떻게 바뀌는가 등의 문제는 그런 근본적 변화를 읽는 열쇠다. 전문가들은 '과거는 물건, 상품, 자본 중심 경제였지만 지금은 가치, 경험, 감성, 지식 중심 경제'라고 말한다. 피터 드러커(Peter Drucker)는 '지식기반사회'라고 이야기했고, 리처드 플로리다(Richard Florida) 교수는 '창조경제(Creative Economy)'라는 개념을 내세웠다.

미래학자, 경영학자 등 석학들의 이런 담론은 나름대로 큰 사회적 파급효과를 갖고 있고, 실제 정책에도 영향을 미친다. 특히 미래에 대한 관심은 인간의 본성적 욕구다. 지나간 과거나 현재는 인간의 힘으로 바꿀 수 없지만 미래는 의지와 실천, 시의적절한 대응으로 충분히 바꿀 가능성이 있기 때문이다.

과거 참여정부 때는 한국형 복지모델 구축을 위해 다양한 정책을 펴면서 그 전략적 핵심을 '인적 자본과 기술 혁신에 대한 투자 강화'에 두었다. 물적 자본 투자에서 인적 자본, 사회적 자본 투자로 정책방향을 근본적으로 바꾸고자 한 것이다. 정책 브레인 역할을 했던 대통령자문정책기획위원회가 펴낸《선진복지한국의 비전과 전략》에는 이런 철학이 바탕에 깔려 있다. 이는 참여정부의 정책이기 이전에 물질적 토대가 어느 정도 수준에 도달한 사회라면 으레 취하게 되는 정책방향이라고 할 수 있다.

> "경제성장 시기에 국가 투자는 주로 도로, 항만 같은 물적 자본을 확충하고 기업 성장을 지원하는 것이 주 역할이었으나, 최근 맞고 있는 경제·사회적 변화에 따라 국가의 투자전략도 상당한 전환이 필요하다. 특히 경제·사회구조의 변화와 새로운 사회의 위험의 부상으로 미래의 불확실성이 증가하는 상황에서 국가는 인적 자본과 사회적 자본의 확충에 주력함으로써 국민 개개인이 불확실한 미래에 효율적으로 적응할 수 있는 기반을 제공해야 할 것이다.[81]"

---

81 대통령자문정책기획위원회 지음,《선진복지한국의 비전과 전략》, 동도원, 2006년, 19쪽

창의적 연구개발이나 지식 스톡은 결국 사람에 의해 만들어지는 산출물이므로 과거 '자본과 건설 중심 성장전략'은 미래지향적인 '사람과 지식 중심 성장전략'으로 전환해야 한다는 것이었다.

이명박 정부 때에는 '인재대국'을 국정과제로 내세웠고 '창의적 인재양성'을 주요 정책으로 적극 추진했다. 또한 미래를 결정하는 가장 중요한 부분인 교육과 과학기술의 통합으로 시너지를 창출하고자 교육인적자원부와 과학기술부를 교육과학기술부로 통합했다.

이는 가치의 중심이 물적 자본에서 인적 자원(Human Resource)으로 이동하였음을 시사한다. 다시 말해 경쟁력이 사람에게서 나오는 시대가 된 것이다. 일반 기업은 물론이고 공공기관에서도 인적 자원의 중요성을 인식하면서 '인적자원개발(HRD : Human Resource Development)'을 중요한 경영전략으로 삼고 있다.

지자체 중 전남 장성군은 한때 공공기관의 혁신 모델로 유명했다. 장성군 혁신의 핵심은 '21세기 장성 아카데미'였다.

장성군은 사회적으로 저명한 전문가를 초빙해 매주 군 직원과 지역주민을 대상으로 강연 프로그램을 운영했다. 1995년 9월 15일 이건영 당시 교통개발연구원장의 첫 강연을 시작으로 매주 한 번씩 지금까지도 열리고 있으며, 전국 최초 사회교육이라는 평가를 받고 있다. 강사진도 화려해 장차관, 국회의원, 대학 총장, 유명 교수, 언론인, 기업경영인 등의 인사들이 대거 참여했다.

인구 4만 8천 명에 불과한 작은 시골 마을에 내로라하는 정치인, 기업인, 유명인사가 초청강사로 다녀간 것도 놀랍지만, 교육을 통한 혁신이라는 신념으로 시골 마을에서 20년 이상 아카데미를 운영하고 있는 것은 더더욱 놀라운 일이다. 21세기 장성 아카데미가 내걸었던 슬로건은 '세상을 바꾸는 것은 사람이고 사람을 바꾸는 것은 교육'이다. 인적 자원이야말로 중요한 자산이라는 생각에 이르렀다면, 이제는 세상을 바꾸는 힘인 '자본'에 대한 근본적 성찰과 인식 전환이 필요하다.

부르디외의
문화자본론에 주목하라

　자본주의 사회에서 재화와 용역 생산에 사용되는 자산을 우리는 자본(capital)이라 부른다. 쉽게 이야기하면 사업이나 산업의 밑천이다. 보통 자본은 돈이나 공장, 토지 등 생산수단을 가리킨다.

　하지만 오늘날의 자본 개념은 좀 다르다. 특히 문화의 중요성이 커지고 정보, 지식, 과학, 기술 등 비물질적 요소들이 가치의 원천으로 부상하면서 고전적 자본 개념으로는 더 이상 현실을 해석할 수 없다.

　자본에 대한 새로운 해석은 현대 사회학의 거장 피에르 부르디외(Pierre Bourdieu, 1930~2002)로부터 본격적으로 시작되었다. 부르디외는 원래 진보적인 지식인으로 사회운동이나 대중운동에 많은 관심을 가졌던 학자다.

특히 그는 미국 중심의 세계화에 반대했던 '행동하는 지성'으로 유명하다. 프랑스 최고의 엘리트 학교인 에콜 노르말 쉬페리외르(파리고등사범학교) 출신이며 사회과학고등연구소(EHESS) 교수였다. 학문 분야별로 최고 석학을 뽑아 종신교수직을 주는 '콜레주 드 프랑스'의 사회학 교수도 역임했다.

이렇게 최고의 엘리트였지만 그는 노동자의 파업 현장에 나타나 지지선언문을 낭독하기도 하고, 다보스포럼(세계경제포럼)에 맞서 반세계화 국제운동 네트워크 '세계사회포럼'을 조직하기도 했다.

부르디외는 기본적으로는 마르크스의 계급투쟁론을 수용한 진보적 지식인이었지만, 다른 한편으로는 마르크스의 경제적 결정론을 비판하며 이를 넘어서려고 했던 학자다.

그는 정치적 권력(Power), 경제적 자산(Property), 문화적 위광(Prestige) 등 세 가지 차원의 중층적 관점을 제시했던 막스 베버의 다원주의적 시각도 함께 받아들였다. 그중에서 그는 무엇보다 문화의 중요성에 주목했다. 역사적으로 세계문화를 이끌어온 프랑스의 지적 전통에서 사회경제를 문화적 관점에서 재해석하는 조류가 나타난 것은 우연이 아니다.

부르디외는 막스 베버의 다원주의와 그 대척점에 있는 칼 마르크스의 계급투쟁론을 변증법적으로 계승해 나름대로 독특한 이론을 만들었다. 바로 '샹(champs)이론'이다.

'샹'이란 장(場)이란 뜻의 프랑스어인데, 영어의 '필드(field)'에 해당한다. 그래서 샹이론을 '장이론(영어로는 Field theory)'이라고 부르기도 한다. 사회에는 다양한 샹(장)이 있고 샹마다 지배계급과 피지배계급이 계급투쟁을 한다는 것이다. 정치적 장에서는 정치투쟁이, 문화적 장에서는 문화를 둘러싼 계급투쟁이, 교육, 종교 등의 장에서도 각각의 계급투쟁이 일어난다는 것이다.

부르디외의 이런 관점은 자본과 이윤이라는 경제적 관점으로만 계급투쟁을 바라본 마르크스주의의 지평을 확장한 것이라 할 수 있다. 부르디외는 자본 개념을 경제적 관점에 국한시키지 않고 새로운 자본 개념으로 문화자본을 제시했다.

이후 부부 사회학자인 미셸 팽송, 모니크 팽송 샤를로는 상징적 자본, 사회적 자본 등을 추가해 네 가지 자본 개념을 완성했다. 경제자본으로 환원될 수 없는 자본의 다양한 형태를 현대적 관점으로 구분하고 재해석함으로써 경제결정론을 극복하고자 했던 것이다.

부르디외 학파의 네 가지 자본 중 첫 번째는 경제자본(economic capital : capital economique)이다. 고전적 의미의 자본 개념과 비슷한데, 상품과 서비스를 생산하거나 소비, 유통하기 위해 사용되는 돈 등을 말한다. 소득이나 연봉이 얼마고 소비지출이 얼마나 되고 부동산이나 공장 등 생산수단을 갖고 있는가 등이 경제자본의 범주에 해당된다.

고전적 자본 개념은 생산 측면에만 국한되었으나 부르디외의 경제자본은 소비로까지 확대된다. 부르디외의 경제자본은 경제력과 관련된 포괄적 개념이다.

두 번째는 문화자본(cultural capital)이다. 부르디외는 무엇보다 문화자본이 중요하다고 생각했다. 문화자본은 다시 다음 세 가지로 세분된다.

우선 '체화된 문화자본'이다. 자본의 소유 주체인 인간이 자본을 체화(육화)된 형태로 갖고 있는 것을 말한다. 지식, 교양, 기능, 취향, 품위, 감성 등 사회화[82] 과정을 통해 획득하는 특성과 습관은 물건처럼 독립적으로 존재하는 것이 아니라 몸에 배어 체화된 형태로 존재하기 때문에 이를 '체화된 문화자본'이라 불렀던 것이다. 특히 고상한 취향이나 고급지식은 가장 중요한 문

---

[82] 사회화(socialization)란 사회학에서 사용하는 개념으로 인간유기체가 출생한 후 사회적으로 시인된 태도, 이념, 행동유형을 타인과의 접촉을 통해 학습하면서 자신의 사회적 행동을 유형 지우고 여러 사회집단에서의 지위에 상응하는 많은 역할을 지니게 되는 과정을 말한다. 사회화는 이중적 의미를 가지는데 개인의 측면에서는 일정한 규범과 가치체계, 생활방식 등을 배움으로써 특정한 사회문화적 조건에 적응할 수 있게 되는 과정이고, 사회의 측면에서는 그 사회가 공유하는 일정한 가치나 규범을 새로운 성원에게 주입시킴으로써 새로운 사회성원을 만들어내는 과정이다(윤근섭·김영기 외 지음, 《현대 사회학의 이해》, 형설출판사, 1993년, 106쪽). 문화는 공유성을 속성으로 하고 사회적 관계 속에서 형성되므로 지식, 취향, 교양도 사회화와 밀접한 관련을 갖는다고 할 수 있다.

화자본이라고 생각했다.

체화된 문화자본은 일시적으로 또는 선천적으로 획득되는 것이 아니라 교육이나 양육 환경, 사회적 관계 속에서 천천히 시간을 두고 체득되는 것이라는 점에서 다른 자본과는 근본적으로 구분된다. 다른 문화자본은 돈을 주고 사거나 순식간에 획득할 수 있지만 체화된 문화자본은 그런 것이 가능하지 않다. 고전음악에 대한 고상한 취미, 미술품, 골동품에 대한 감정 능력, 특정 분야에 대한 탁월한 지식 등은 단기간에 취득될 수 없고, 돈으로 거래될 수도 없다.

체화된 문화자본은 각 개인의 아동기에 가족이 소유한 문화자본의 영향을 많이 받는다. 풍부한 문화자본을 소유한 가족일수록 문화자본의 전수를 시작하는 초기에 자녀에게 많은 시간을 투자하고 자녀가 학업을 잘 받도록 최대한 지원한다.[83]

부르디외의 대표작 《구별짓기(La Disctinction)》를 보면, 그는 소득별, 계층별로 다른 문화적 취향을 실증적으로 조사했고, 이 조사연구를 통해 가령 소득이 높은 계층에서는 클래식 음악을 좋아하는 경향이 두드러지고 소득이 낮은 계층은 대중음악을 좋아한다는 등의 유의미한 상관관계를 밝혀냈다. 그는 경제계

---

83 미디어문화교육연구회 엮음, 《문화콘텐츠학의 탄생》, 다할미디어, 2005년, 21쪽

급과 문화적 취향이 밀접한 상관관계를 가진다는 것을 실증적으로 입증했다. 하지만 소득수준에 따른 문화적 취향의 차이가 존재함에도 불구하고 소득수준이 문화적 취향과 같은 개념은 아니라고 설명한다.

다음은 '객체화된 문화자본'인데, 쉽게 말하면 주체가 소유·보유하고 있는 물건을 말한다. 문화상품, 골동품, 수집예술품 등 가치 있는 문화적 대상물은 객체화된 문화자본이라고 할 수 있다.

그 밖에 졸업장이나 학위, 자격증 등과 같이 공식적 교육과정이나 공식적 절차를 거쳐 얻는 공인된 자격을 부르디외는 '제도적 문화자본'으로 규정했다. 돈과 시간을 투자해 대학원을 다니고 박사학위를 따려는 것은 공식 자격과 식견을 사회적으로 인정받으려는 것이고, 이는 물질 자본과 마찬가지로 경제활동, 사회활동의 자산이 될 수 있다. 학위나 자격증 취득, 고시 합격 등을 고상하게 표현한다면 제도적 문화자본을 획득하는 사회적 행위라고 할 수 있겠다.

이렇게 체화된 문화자본, 객체화된 문화자본, 제도적 문화자본은 모두 경제적 생산수단은 아니지만 문화적 가치 또는 경제적 가치를 가지며, 일정한 상징성을 갖는 문화자본이다.

세 번째는 사회연결망 내에서의 위치나 관계로 나타나는 사회자본(social capital)인데, 인맥이나 연줄 등을 말한다. 사회는 사람들의 관계고 그 관계는 권력구조로 이어져 있기 때문에 권력을 가진 사람과의 친분관계가 자본이 되기도 한다.

하지만 사회자본은 자칫 사적인 관계의 권력집단화로 나타날 수 있어 파행적인 정치문제를 야기할 수 있다. 특정인을 중심으로 권력구조나 비선 조직으로 나타나는 무슨 무슨 게이트 등은 사회자본이 빚어내는 폐단이라고 볼 수 있다.

오늘날과 같은 네트워크 사회에서는 사회자본의 힘이 커질 수밖에 없다. 사회적으로 출세한 사람일수록 네트워크를 더 중요하게 생각하고 더 탄탄한 네트워크를 만들려고 노력한다. 그들이 비싼 돈을 내고 시간을 쪼개 일류대학의 최고위 과정, CEO 조찬포럼 같은 데를 다니는 것은 지식에 대한 갈증 때문이라기보다는 사회적 영향력이 있는 사람들을 더 많이 사귀어 사회자본을 탄탄히 하기 위해서일 것이다.

한편 사회자본은 주로 '사회적 관계'를 의미하지만 일반적으로 경제학이나 사회과학에서 이야기하는 사회자본(또는 사회적 자본)은 좀 다른 개념으로 사용된다. 사회과학에서 '사회적 자본'이라는 용어가 등장한 것은 약 100년 전이다. 당시 미국 웨스트버지니아주 교육감이 학생 평가와 관련해 당시까지 간과되었던 이웃과의 교류, 협력, 커뮤니티 정신요소 등의 필요성을 제기하면서 사회적 자본이란 개념을 처음 언급했다고 한다.

그러나 본격적 연구가 시작된 것은 1980년대 경이다. 여기에는 인적, 물적 자원에만 치우쳐 있던 기존 경제학에 대한 반성이 내재되어 있다. 사회적 자본에 대한 여러 연구를 종합해보면 사회적 자본은 사회 속의 신뢰, 규범, 네트워크와 같은 일체의 무형자산을 가리키는 것이라 할 수 있다.

미국의 정치학자이자 하버드대학교 공공정책 과정의 로버트 퍼트넘(Robert David Putnam, 1941~) 교수는 사회구성원의 신뢰가 사라짐으로써 사회적 자본이 쇠퇴하는 현상에 주목했다. 그는 사회적 자본을 '상호이익을 위한 협력과 조정을 용이하게 하는 사회적 특성'으로 정의했다.[84]

사회자본은 사회간접자본(social overhead capital)처럼 행정투자나 정부기업투자로 사회구성원 모두에게 제공되고 무상 또는 약간의 대가로 이용할 수 있는 시설이나 자본을 가리키는 말로도 사용된다. 도로, 항만, 공원 등의 기반시설이 여기에 해당한다.[85] 사회간접자본이라는 용어가 가장 많이 통용된다.

---

[84] 2009년 10월 21일 과학기술정책연구원이 주최한 미래연구포럼에서 삼성경제연구소의 이동원 박사가 '사회적 자본의 측정과 정책과제'라는 주제로 발표한 내용(송종국 외, 〈과학기술기반의 국가발전 미래연구〉, 과학기술정책연구원, 2009년 12월, 43쪽)과 CEO Information 제722호(이동원 외, 〈사회적 자본 확충을 위한 정책과제〉, 2009년 9월)의 보고서 내용 참고

[85] 두산백과사전

삼성경제연구소의 한 보고서는 사회적 자본을 신뢰, 호혜성에 기초한 사회규범, 네트워크 수준, 사회구조 등 네 가지로 구분했다.[86]

로버트 퍼트넘과 프랜시스 후쿠야마는 특히 신뢰의 중요성을 강조했다. 프랜시스 후쿠야마(Francis Fukuyama)는 1995년에 발표한 책《트러스트(TRUST : The Social Virtues and the Creation of Prosperity)》를 통해 '한 국가의 경쟁력은 그 사회가 고유하게 지니고 있는 신뢰 수준에 의해 결정된다'고 주장했다.[87] 신뢰가 부족한 사회는 거래비용이 높고 정직, 책임감, 의무이행 등 사회협력을 이루는 가치가 부족하기 때문에 선진국에 진입하기 어렵다는 것이다.

사회적 신뢰는 눈에 보이지는 않지만 매우 큰 자산이다. 선진국과 후진국은 여러 가지 면에서 차이가 있지만, 무엇보다도 신뢰 면에서 가장 큰 차이를 보인다. 가령 음식점에서 고기를 먹을 때 원산지 표기를 속이는 게 아닐까라고 생각하는 의심, 정부나 공공기관 발표에 대해 신뢰하지 못하는 분위기, 계약이나 거래를 할 때 사기를 당하는 게 아닐까 우려하는 생각 등은 사

---

86 이동원 외, 〈사회적 자본 확충을 위한 정책과제〉, CEO Information 제722호(2009년 9월), 5~6쪽.

87 프랜시스 후쿠야마 지음, 구승회 옮김, 《트러스트》, 한국경제신문사, 1996년

회 전체의 신뢰와 연관이 있다.

보이지 않는 신뢰, 규범, 관행 등은 선진국이 갖고 있는 중요한 사회적 자본이다. 기업도 마찬가지다. 정직하고 절대 속이지 않을 거라는 믿음을 주는 기업의 제품은 소비자들이 브랜드만으로도 안심하고 구매한다. 중요한 것은 기업의 크기가 아니라 신뢰의 크기다. 신뢰를 쌓기는 힘들지만 아무리 탄탄한 신뢰라도 무너지는 것은 한순간이다.

다시 네 가지 자본으로 돌아가 보자. 마지막 범주는 앞서 살펴본 경제자본, 문화자본, 사회자본이 전통적으로 승인된 형식인 상징자본(Symbolic capital)이다. 위신, 존경, 명예, 명성 등이 상징자본이다. 막스 베버의 3P 중 Prestige(위광, 위신)와 유사하다. 어떤 분야에서 최고 권위를 인정받거나 존경과 명예를 얻는 것을 말한다.

2010년에 입적한 법정스님은 평생 무소유를 가르치며 살아왔다. 그의 가르침이 사회적 영향력을 갖는 것은 그의 명성과 권위 때문이다. 무소유의 삶을 몸소 실천한 법정스님은 무소유란 아무것도 갖지 않는다는 것이 아니라 불필요한 것을 갖지 않는다는 뜻이라고 가르쳤다. 또한 우리는 필요에 의해서 물건을 갖지만 때로는 그 물건 때문에 마음을 쓰게 되므로 무엇인가를 갖는다는 것은 다른 한편 무엇인가에 얽매이는 것이라고

가르쳤다.[88]

'그동안 풀어놓은 말빚을 다음 생에 가져가지 않으려 한다'는 유언을 남기고 자신의 책마저 더 이상 출간하지 말라고 당부하고 세상을 떠난 법정스님은 이 생에서 아무것도 소유하지 않고 아무것도 남지지 않았지만 상징자본으로 보면 다른 누구보다 거대한 자본을 가졌던 사람이다.

김수환 추기경도 마찬가지다. 2009년 선종 당시 김 추기경의 통장에는 1,000만 원 남짓한 돈만 남아 있었다고 한다. 하지만 그는 가장 존경받는 종교인이자 당대 최고의 어른이었고 그 어떤 정치인이나 기업인보다 큰 사회적 영향력을 갖고 있었다. 그 힘의 원천은 바로 명성, 권위, 존경 등에 근거한 상징자본이라고 할 수 있다.

보통은 경제자본이 많으면 사회자본도 많을 가능성이 크고, 사회자본이 많으면 상징자본이 많을 가능성이 크다. 하지만 꼭 그런 것은 아니다. 경제자본은 많지만 문화자본, 상징자본이 형편없이 적을 수도 있고, 사회자본은 적지만 상징자본이 많을 수도 있다.

이렇게 부르디외는 자본의 개념을 현대적으로 재해석하면서

---

88   김세중 지음, 《무소유》, 휘닉스, 2010년

자본 개념의 외연을 확대했고, 특히 비경제적인 문화자본의 중
요성을 강조했다. 이러한 관점을 토대로 형성된 학문 분야가
'문화사회학'이다. 물질적 기반이 튼튼해지고 삶의 토대인 경제
가 어느 정도 수준에 올라서면 문화와 삶의 질이 사회적 화두
로 떠오르기 마련이다. 문화자본은 바로 이런 변화를 반영하는
개념이다.

누보 부르주아를 위한
체크리스트[89]

　부르디외는 부르주아 개념도 새로운 자본 개념으로 재해석해야 한다고 생각했다. 부부 사회학자인 미셸 팽송과 모니크 팽송 샤를로는 부르디외의 자본 개념을 바탕으로 경제자본, 문화자본, 사회자본, 상징자본 등 네 가지 자본과 관련된 스무 가지 항목의 '새로운 부르주아(누보 부르주아, Nouveaux Bourgeois) 체크리스트'를 만들었다.

　경제자본과 관련된 체크리스트에는 '주식 등 유가증권이 있다', '재산세를 납부한다' 등의 항목이 있고, 사회자본 항목은 '주 2회 이상 외식을 한다', '스무 명 이상 모인 파티나 뷔페 만찬을 주최한 적이 있다' 등이다. 상징자본 문항은 '신문, 방송에

89　중앙일보, 2000년 5월 23일. 이장직 기자의 기사 참조. 원출처 : 프랑스 주간지 《르 누벨 옵세르바퇴르》

서 인터뷰한 적이 있다', '국제단체에 일정액 이상 기부한다' 등

이고, 문화자본 관련 항목은 '그랑제콜[90] 출신이거나 박사학위

새로운 부르주아를 위한 체크리스트

구분	체크리스트 항목
경제자본	1. 주식 등 유가증권이 있다. 2. 가정부, 정원사, 유모 등을 두 명 이상 두고 있다. 3. 별장이 있다. 4. 재산세를 납부하고 있다. 5. 자가용을 두 대 이상 가지고 있다.
사회자본	1. 주 2회 이상 외식을 한다. 2. 친척 중에 외국인 국적을 가진 사람이 있다. 3. 스무 명 이상 모인 파티나 뷔페 만찬을 주최한 적이 있다. 4. 사회 저명인사들(예술가, 기업인, 정치가 등)과 알고 지낸다. 5. 친구들과 함께 여름 휴가를 다녀온 적이 있다.
상징자본	1. 좌파 단체에 회원으로 가입한 적이 있다. 2. 로마, 뉴욕, 카이로에 모두 가 보았다. 3. 업무상 국제우편물을 연간 열 개 이상 받아본다. 4. 신문, 방송에서 인터뷰한 적이 있다. 5. 국제사면위원회, 유니세프, 그린피스, WWF 등 국제단체에 매년 기부한다.
문화자본	1. 그랑제콜(프랑스의 엘리트 학교) 출신이거나 박사학위가 있다. 2. 외국어를 두 가지 이상 구사한다. 3. 정기적으로 전시회를 관람한다. 4. 음악, 연극, 무용, 오페라 등 공연을 매월 1회 이상 관람한다. 5. 미술작품이나 골동품을 구입한다.

90 그랑제콜은 프랑스어로 '큰 학교'라는 뜻으로 일반 대학과는 구분되는 특수한 엘리트 대학을 의미한다. 고등사범학교(ENS), 국립행정학교(ENA), 에콜 폴리테크니크(이공대학), HEC(상업학교) 등이 프랑스가 자랑하는 최고의 그랑제콜이다.

가 있다', '외국어를 두 가지 이상 구사한다', '정기적으로 전시 회를 관람한다', '미술작품이나 골동품을 구입한다' 등이다.

물론 프랑스 사회라는 특수한 상황을 감안해야 하며, 이를 우리 사회에 적용하기 위해서는 우리 상황에 맞는 항목을 새롭게 개발할 필요가 있다.

부르디외의 자본 개념에서는 경제자본의 비중이 절대적이지 않다. 오히려 고상한 문화적 취향 및 기호, 졸업장, 박사학위, 소장 골동품, 외국어 구사능력 등 문화자본이 더 중요한 자본이다.

왕왕 유명인사의 학력 조작으로 사회가 떠들썩해지곤 하는데, 이런 사건들을 보면 학위나 학력이 왜 그렇게 중요한지를 실감할 수 있다. 부르디외식으로 말하자면 학위는 단순한 자격증이 아니라 제도화된 문화자본이기 때문이다. 문화와 관련된 여러 가지 속성은 경제자본과 마찬가지로 엄청난 힘과 영향력을 갖고 있다.

이제 문화에 대한 관점이나 인식은 근본적으로 바뀌어야 한다. 문화는 경제만큼이나 중요하다. 문화가 더 중요한가, 경제가 더 중요한가를 따질 필요는 없다. 문화와 경제는 각각 중요하며 서로 치환될 수 없는 속성을 갖는다. 하지만 문화는 인간적 가치에 뿌리를 두고 있기 때문에 더 근본적인 가치라고 할수 있다.

새 술은 새 부대에 담아야 한다. 아니, 새 부대니까 새 술을 담아야 한다. 문화가 부각되는 자본주의 사회에서는 문화에 대한 새로운 관점과 문화자본에 대한 획기적 인식전환이 필요하다.

3장

디지털 전환 시대의
문화와 미래자본

창의적 문화는 창의적인 사람이 만든다. 창조사회에서는 이성보다는 감성 쪽으로 무게 중심이 이동할 것이다. 김광웅 교수는 '미래사회는 창조사회'라고 강조하며 '종합 개념과 예술과 감성의 시대'로 옮겨가고 있다고 말한다. 봉건제 사회까지가 토지를 중심으로 하는 지본(地本)사회라면 근대사회는 자본(資本)사회이고 이제는 사람의 창의성을 주관하는 뇌가 중요해지는 뇌본(腦本)사회로 진입하고 있다는 것이다.

> "땅이 중하던 시대, 돈이 중하던 시대를 지나 뇌가 중요한 시대가 되었다는 뜻이다. 땅도 돈도 다 중요하지만 이젠 뇌가 가장 중요하며, 뇌 중에서도 특히 우뇌가 중요하다는 이야기를 자주 하게 되었다. 물론 좌뇌의 중요성이 상실되는 것은 아니다. 오히려 전뇌적 사고의 중요성이 강조된다. 전체를 보고 감성을 관리하고 지혜를 활용하자는 취지다. 이제는 물체를 눈으로 보는 것이 아니라 뇌로 본다고 한다. 더 나아가면 마음의 눈으로 본다고도 말한다.[91]"

4차 산업혁명 담론이 본격화되던 2016년에 있었던 알파고 쇼크는 뇌본사회를 다시금 실감하게 해주었다. 인간의 두뇌와 인공지능의 두뇌가 경쟁을 시작한 것이다. 알파고의 등장은 실로 충격이었다. 1997년 IBM이 만

91　김광웅 지음, 《국가의 미래》, 매일경제신문사, 2008년, 28쪽

든 인공지능 컴퓨터 '딥블루'가 세계 체스 챔피언 가리 카스파로프를 이겼을 때도 가히 충격이었지만, 이세돌-알파고의 대국 결과는 그 이상의 충격과 두려움을 안겨주었다. 무한한 경우의 수를 갖고 있는 바둑 게임은 체스 게임과는 다를 것이라 생각했기 때문이다. 인간이 만들어낸 인공지능이 머신러닝이나 딥러닝을 통해 스스로 학습하고 창의성과 직관까지 습득하게 되면서 창의성은 인간만의 전유물이라 여겼던 믿음이 깨진 것이다.

이세돌 9단은 알파고와의 세 번째 대결에서 패한 뒤, "이세돌이 패한 것일 뿐 인간이 패한 것은 아니다"라고 말하며 대인배다운 면모를 보여줬다. 과연 미래에는 감성이나 창의성에서도 인공지능이 인간을 능가할 수 있을까 하는 것이 모두의 관심사다. 특정 영역에서 인공지능은 엄청난 능력을 발휘하겠지만 그래도 창의성은 인간의 영역으로 남을 것이라는 것이 우리의 바람이자 믿음이다. 창의성은 인간이 가진 가장 큰 능력이자 장점이며, 기계와 경쟁해야 하는 미래사회에는 더더욱 중요해질 것이다.

창의성이 시대적 화두인 것은 분명하다. 교육에서는 창의인재, 창의교육을 강조하고 있다. 예전에 강조했던 '혁신(革新)'이라는 단어의 자리에 어느새 '창의(創意)'라는 키워드가 대신 둥지를 틀고 있다. 사실 혁신이나 창의는 의미상 별 차이가 없다. 혁신적인 것은 창의적이고, 창의적이지 않으면 결코 혁신적일 수 없다. 중국에서는 아예 '창신(創新)'이라는 용어를 사용하고 있는데, 중국어의 '창신'은 우리말의 '혁신'과 '창의'를 동시에 의미하는 것 같다.

창의적이라는 것은 기존의 것을 답습하거나 남의 것을 그대로 모방하지 않고 전에 없던 새로운 무언가를 만드는 것을 의미한다. 창의성이 부각되면서 '융합'과 '소통'의 가치도 중요해지고 있다. 사회 전반에 걸쳐 창의성이나 융합 같은 가치가 높이 평가되고 있는 것은 바람직한 일이다. 그것 자체가 매우 문화적인 현상이기 때문이다. 창의적 분위기를 가진 기업은 문화적인 기업이고, 창의적인 문화를 가진 나라는 미래변화의 트렌드를 주도할 것이다.

전문가들은 창의성이 여러 분야 간의 접목이나 융합을 통해서 또는 서로 다른 영역이 부딪히는 교차점에서 발현될 가능성이 높다는 사실에 주목해 왔다. 이런 현상을 메디치 효과라 부른다. 순수성보다는 잡종에서, 전문화보다는 연계·통합에서 창의적 산출물이 나올 가능성이 높다.

알파고 쇼크에서 채 벗어나기도 전, 2020년 인류는 바이러스 감염증의 전지구적 확산이라는 전대미문의 위기를 맞았다. COVID-19라는 이름이 붙여진 신종 바이러스 감염증은 인명을 앗아가고 일상을 마비시켰으며 유례없는 경제위기를 안겨주었다. 중세의 흑사병, 20세기 초의 스페인 독감에 비견될 만큼 엄청난 공포감을 안겨준 신종 코로나바이러스 팬데믹은 기후변화로 인한 서식지 변화로 박쥐가 이동함으로써 발생한 재난일 수 있다는 점에서는 인간의 무분별한 개발에서 기인한 것이라고 볼 수 있다.

물론 시간이 걸리더라도 코로나19는 백신과 치료제가 개발되면 극복할 수 있을 것이다. 하지만 코로나19가 종식되더라도 우리의 삶은 코로나 이전으로 돌아갈 수는 없을 것이다. 이미 코로나19는 우리의 업무, 소통, 교육, 문화, 일상까지 많은 것을 바꾸었다. 재택근무, 원격교육, 온라인 쇼핑이 늘어나고 디지털 기반의 삶은 뉴노멀이 되고 있다.

공연, 예술 등 인간의 문화적인 삶의 양태도 크게 바뀌고 있다. 비대면 공연과 온라인 문화콘텐츠, 온라인과 오프라인이 연계되는 하이브리드 문화 등 문화산업과 콘텐츠경제의 지형도 큰 변화를 겪고 있다. 이종호 박사의 다음과 같은 지적은 전적으로 타당하다.

> "최근 우리의 삶을 근본적으로 바꾸어놓은 두 가지가 있다. 하나는 코로나바이러스 감염증-19(코로나19)이고, 다른 하나는 2016년 1월 세계경제포럼에서 클라우스 슈밥 회장이 말한 4차 산업혁명이다. 이 두 가지는 우리의 현재 삶을 바꾸어놓았을 뿐 아니라 미래도 완전히 변화시킬 것이다. 코로나19와 4차 산업혁명에 대한 이해 없이는 미래에 적응할 수도, 대처할 수도 없다.[92]"

문화도 예외일 수는 없다. 포스트 코로나 시대, 4차 산업혁명과 디지털 전환 시대의 문화와 미래자본이 어떻게 변화할지를 예측하고 이에 적절히 대응하는 것은 우리 미래를 열어나가는 데 있어서 매우 중요한 숙제다.

---

92 이종호 지음, 《포스트 코로나 로드맵》, 북카라반, 2021년, 4쪽

지식기반사회에서
살아남는 법

사회는 끊임없이 변화한다. 시대가 바뀌면 사회도 바뀐다. 지금 사회는 한 세대, 즉 30년 전 사회와는 완전히 다르다. 가령 예전에는 한 분야의 뛰어난 전문가가 주도적 역할을 하는 것이 보통이었고, 이런 사회에서는 장인정신이 중요했다. 전문가라함은 모름지기 한 분야에서 평생 '한 우물만 파는 사람'이었고, 직업도 대부분 평생직장 개념이었다. 장인정신이 두드러진 일본 사회에서는 종신고용이나 종신직장이 일반적이었다.

하지만 지금은 어떤가. 뛰어난 기술을 가진 장인들이 사회를 주도하고 있는가. 평생 하나의 직장을 다니다가 은퇴하는 사람들이 주위에 얼마나 될까. 아니, 하나의 기술이나 한 분야의 전문지식만 갖고 급변하는 지식기반사회에서 과연 살아남을 수는 있을까.

영국 고전 경험주의 철학의 창시자 프랜시스 베이컨(1561~
1626)은 '아는 것이 힘'이라고 말했다. 옳은 말이다. 오늘날에도
전문지식은 중요하다.

하지만 전문지식도 수시로, 신속하게, 정기적으로 업데이트해
야만 힘이 될 수 있다. 타자기에 대한 전문지식은 워드프로세서
의 출현으로 빛바랜 지식이 되었고, 워드프로세서 전문지식은
컴퓨터의 등장과 함께 고전이 되어버렸다. 지금 알고 있는 첨단
지식은 내일이 되면 누구나 아는 상식이 되어버릴 수 있다. 게
다가 지식은 변하지 않는 진리가 아니며, 지식 또한 끊임없이
변화한다. 새로 나타나고 사라진다.

오스트리아 태생의 영국 과학철학자 칼 포퍼는 과학에서의
'반증 가능성(Falsifiability)'이란 개념을 만들어 "과학은 절대 진리
가 아니라 스스로의 예측이 반증될 수 있는 것이라야 하며, 모
든 과학은 아직 반증되지 않은 임시적 가설에 불과하다"고 주
장했다.[93] 인문학이나 사회과학의 지식은 원래부터 진리나 법
칙은 아니었기에 수시로 바뀔 수 있다손 치더라도 지금은 자연
과학 지식마저도 계속 변화하고 있다.

지식에도 이른바 '유효기간'이 있다. 새뮤얼 아브스만이 쓴

---

93 우석훈 지음, 《너와 나의 사회과학》, 김영사, 2011년, 114~115쪽

《지식의 반감기》란 책을 보면 방사성 동위원소가 절반으로 붕괴되는 반감기를 가진 것처럼, 우리가 알고 있는 지식도 그 지식의 절반이 틀린 것으로 드러나는 데 걸리는 시간, 즉 '지식의 반감기'가 있다고 한다. 그는 지식의 반감기를 실제 측정해 물리학은 13.07년, 경제학은 9.38년, 수학은 9.17년, 심리학은 7.15년, 역사학은 7.13년, 종교학은 8.76년 등이라고 제시했다.

가령 필자가 어렸을 때는 태양계 행성이 9개가 있다고 배웠고 '수금지화목토천해명' 하면서 그 순서도 외웠다. 하지만 요즘은 태양계 행성을 8개로 배운다. 1930년에 발견돼 태양계 아홉 번째 행성으로 불리던 명왕성(pluto)이 2006년 국제천문연맹(IAU)에서 전체 투표를 거쳐 태양계 행성에서 공식 제외되었기 때문이다. 이렇게 자연과학 지식도 변하는 게 현실이다. 평생학습을 하지 않고는 도저히 세상 변화를 따라갈 수가 없는 시대가 되었다.

우리나라는 IT강국이다. 새로운 IT기술과 기기의 발전, 수용, 확산이 매우 빠른 나라다. 스마트폰이 보급되기 시작하던 시절, 지인 중 한 명이 해외에서 몇 년 유학생활을 하다 귀국해 겪는 어려움을 토로했던 적이 있는데, 참으로 공감 가는 이야기였다. 아이폰이나 스마트폰이 나온 지 그렇게 오래되지도 않았는데 우리 사회에는 웬만한 사람들, 동네 초등학생조차도 모두 가지고 있다는 것이다.

이렇게 변화가 빠르고 새로운 것이 많이 나오다 보니 늘 긴장하면서 새로운 기술 트렌드를 따라잡으려고 노력해야 하고, 항상 새로운 것을 학습해야 한다. 몇 년쯤 외국에서 살다 들어오면 한국 문화의 변화 속도를 따라잡기가 힘들어 이방인 취급받기 십상이라는 것이다.

특히 디지털문화가 발달한 우리나라는 네티즌을 중심으로 해괴한 신조어나 외계어라 할 만한 말들이 많이 유통되고 있어 관심을 갖지 않으면 의사소통조차 힘들 정도이다. 소통이 안 되면 이내 꽉 막힌(!) 아재로 취급받기 쉽다. 고답이, 츤데레, 심쿵, 월급루팡, 감쪽녀, 오나전, 답정녀, 최애캐, 여사친, 프로불참러 등 신조어들이 계속 만들어지고 있고[94] 어느새 신조어들은 새로운 신조어에 밀려 고어로 전락하고 만다.

---

94 '고답이'는 '고구마를 먹은 것처럼 답답한 사람'을 말하고 일본어 'ツンデレ'에서 온 '츤데레'는 겉으로는 퉁명하게 대하지만 속은 상대에 대한 애정이 가득한 성격을 말한다. '심쿵'은 '심장이 쿵쾅거리거나 멎을 것 같은 상태'를 말하고 '월급루팡'은 회사에서 일 안하고 월급만 축내는 직원을 괴도 루팡에 비유한 말이다. '감쪽녀'는 '자연스럽고 감쪽같이 성형해 예뻐진 여자'를 뜻하고, '오나전'은 '완전'이라는 의미인데 완전의 오타에서 유래됐다. '답정녀'는 '답은 정해져 있고 너는 대답만 하면 돼'를 의미하고, '최애캐'는 '최고로 아끼고 사랑하는 캐릭터'란 뜻이다. '여사친'은 '여자 사람 친구'의 준말로 '연인 관계가 아닌 친구 사이로 지내는 여자'를 말한다. '남자 사람 친구'는 '남사친'이라 줄여 말한다. 가수 김흥국, 개그맨 조세호의 대화에서 시작된 유행어 '프로불참러'는 '상습적으로 참석하지 않는 사람'을 뜻한다. 이런 신조어들도 금방 오래전 유행어가 돼 가고 있다.

영국의 과학자 찰스 다윈은 진화론을 주창하며 '적자생존(適者生存)'이라는 개념을 제시했다. 회사에서는 적자생존이 '받아적는 자가 생존하다'는 의미로 쓰이기도 한다. 다윈의 적자생존론의 핵심은 '살아남는 것은 크고 강한 종(種)이 아니며, 변화하는 종이 살아남는다'는 것이다. 변화가 빠른 지금 시대에 딱 맞는 이야기다.

한때 공공기관에 혁신 바람이 불었을 때는 적자생존 대신 '혁자생존(革者生存)'이란 말까지 회자했다. 기업에 있어서 혁신이나 변화에 대한 적응은 일시적 유행의 문제가 아니라 생존과 성패를 좌우하는 문제다.

변화에 적응하지 못하면 낙오된다. 지금 변화의 트렌드가 무엇인지, 사회가 어떤 방향으로 진화하고 있는지, 기업이 어떤 문화를 추구하고 있는지를 파악하지 못하면 결코 앞으로 나아갈 수 없다.

변화는 문화적 트렌드에 민감한 감성, 창의성, 그리고 융합의 가치를 요구한다. 한 분야에서 특정 기술만을 특화해 갈고 닦아온 전문성을 가진 장인은 늘 필요하지만 그것만으로는 부족하다. 이제는 전문성을 갖고 있으면서도 변화에 대한 적응력, 창조성, 감수성이 뛰어나고 다양한 경험과 지식을 거친 이른바 '통섭형 융합인재'가 필요하다.

메디치 효과와
창의성

여러 분야의 만남과 협력을 통해 창조적 결과물이 생성되는 것을 일컬어 경영컨설턴트 프란스 요한슨은 '메디치 효과(the Medici Effect)'라 했는데[95] 우리나라 같이 순혈주의가 주류인 나라에서는 꼭 필요한 것이다.

우리나라는 오랜 기간 동안 고등학교 때부터 문과와 이과가 분리돼 서로 다른 '마이 웨이'를 가야 했다. 문이과 통폐합 교육과정을 지향하며 개정된 2015 개정 교육과정은 2016년부터 시행되었고, 2018년부터 문이과 구분없이 '통합과학', '통합사회'를 배우고 있다.

하지만 통합과학과 통합사회 과목은 수능 출제범위에서 제외

---

95 프란스 요한슨 지음, 김종식 옮김, 《메디치 효과》, 세종서적, 2005년

되었고 기존 사탐, 과탐을 모두 섞어서 17과목 중 2개 선택이라는 정책안을 택함으로써 문이과 통합의 취지가 퇴색되었다. 4차 산업혁명 시대에도 문과, 이과 통합이 실질적으로 이루어지지 못하고 있으며, 문과와 이과 간의 장벽은 여전히 높기만 하다. 뿐만 아니라 인문학이나 사회과학 간 또는 사회과학 내에서의 학문 간 벽도 높다. 이렇게 각각의 학문들이 높은 벽을 쌓고 자기 영역만 고수한다면 창의성은 발현되기 힘들다.

창의성의 비결은 '다양성과 경계 넘나들기'에 있다. 경계 넘나들기나 통섭은 경계 자체를 없애버리자는 이야기가 아니다. 미국의 서정시인 로버트 프로스트(Robert Frost)는 '좋은 담장이 좋은 이웃을 만든다(Good fences make good neighbors)'고 노래했다. 담장이 너무 높으면 넘어가기가 힘들고 담장이 아예 없으면 사생활이 보호되지 못하지만, 적당한 높이의 담장이면 서로 넘나들기도 편하고 관계가 오히려 돈독해진다는 것이다.

이 이야기는 통섭을 주창해온 최재천 교수가 늘 강조했다. 경계 넘나들기는 전문 영역의 경계를 없애자는 것이 아니라 서로 간의 벽을 낮추고 소통과 교류를 활발하게 하자는 것이다. 화가가 시인과 교류하고, 기업인이 예술가와 소통하고, 법조인이 과학자와 만나면서 서로에게서 참신한 아이디어도 얻고 인식의 지평도 넓혀가자는 것이다.

기업도 부서 간 경계를 없앨 수는 없겠지만 자유롭게 소통하고 협력하는 시스템을 만들어주는 것이 중요하다. 다중지능(Multiple Intelligences)이론[96]으로 유명한 교육심리학자 하워드 가드너(H. Gardner)는 이제 우리에게 필요한 인재는 융합적 전문성을 갖춘 '플렉스퍼티즈(flexpertise)'라고 말했다.

플렉스퍼티즈는 유연성(flexibility)과 전문가(expertise)의 합성어로, 경계를 넘나들며 일하는 개방적이고 유연한 전문가를 뜻한다. 인재 전문가들이 이야기하는 'T자형 인재', 즉 한 분야의 전문가이면서 두루두루 폭넓은 관심을 갖고 경계를 넘나드는 인재와 비슷한 개념이다.

요한슨이 이야기하는 메디치 효과는 분야의 경계가 허물어지는 이른바 '교차적 아이디어'에서 나온다. 교차적 아이디어란 이질적 지식이나 기술이 하나로 모아지는 교차점(intersection)에서 창출되며, 이 지점에서 창조와 혁신의 폭발, 즉 메디치 효과

---

96 인간의 지능은 IQ만으로 측정될 수는 없고, 다중의 독립된 영역을 갖는다는 이론. 하버드대학교의 가드너 교수는 독립된 여덟 가지 지능으로 논리수학지능, 언어지능, 공간지능, 음악지능, 자연탐구지능, 대인지능, 자기이해지능, 신체운동지능 등을 제시했다(하워드 가드너 지음, 문용린·유경재 옮김, 《다중지능》, 웅진지식하우스, 2007년). 또한 그는 기업경영인과 직장인들, 더 나아가 우리 모두와 다음 세대가 21세기를 성공적으로 살아 나가기 위해 가져야 하는 미래 마인드로 훈련된 마음(the Disciplined Mind), 종합하는 마음(the Synthesizing Mind), 창조하는 마음(the Creating Mind), 존중하는 마음(the Respectful Mind), 윤리적인 마음(the Ethical Mind) 등 다섯 가지를 제시했다(하워드 가드너 지음, 김한영 옮김, 《미래 마인드》, 재인, 2008년).

가 나타난다는 것이다. 르네상스 시대에 나타난 메디치 효과 역시 이런 교차적 아이디어를 통해 이루어진 결과였다.

창의적 아이디어를 얻기 위해서는 다양한 문화를 접하고 다양한 외국어를 학습하고 다양한 경험을 쌓는 것이 유리하다. 1960년대 창의력 분야에서 손꼽히던 심리학자 도널드 캠벨(Donald Campbell)은 대체로 전통문화가 잘 보존돼 있지 않거나 또는 다양한 문화를 쉽게 접할 수 있는 지역에 사는 사람들은 비교적 폭넓게 상상할 수 있어 남보다 독창적이고 혁신적 업적을 많이 이루어낸다는 결론을 내렸다. 요한슨 또한 주위 사람들과 다르게 생각한다는 것의 중요성을 강조하면서 다르게 생각한다는 사실 하나만으로도 보다 더 개방적으로, 더 폭넓게, 더 파격적인 사고방식을 가질 수 있다고 말한다. 아울러 외국어를 몇 가지 유창하게 구사하는 사람들은 보통 사람들보다 창의력이 뛰어난데 외국어를 잘 구사하는 사람은 다양한 관점에서 독창적 연상이 가능하기 때문이라는 연구 결과도 있다.[97]

스티브 잡스의 애플이 1997년에 내걸었던 광고 문구 'Think Different'도 같은 맥락이다. 남들처럼 생각하고 남들처럼 틀에 박힌 일을 해서는 혁신할 수도, 성공할 수도 없다. 남들과 다르

---

[97] 프란스 요한슨 지음, 김종식 옮김, 《메디치 효과》, 세종서적, 2005년, 77~78쪽

게 생각하고, 또 다른 것을 생각해야 창의적인 일을 할 수 있다.

컴퓨터를 만든 수학자 앨런 튜링의 일생을 다룬 영화 〈이미테이션 게임〉으로 2015년 아카데미상 각색상을 받은 그레이엄 무어는 시상식에서 인상적인 소감을 남긴다. "Stay weird, stay different(이상해도 괜찮아, 남들과 달라도 괜찮아)"라고 말이다. 이상하고 남들과 다른 사람이 진정한 변화와 혁신을 만들 수 있다. 달라도 괜찮고(Stay different), 다르게, 그리고 다른 것을 생각하고(Think different), 다른 행동을 해야(Act different) 세상을 변화시키는 혁신가(innovator)가 될 수 있다.

창조계급이
21세기를 이끈다

토론토대학교 로트먼 경영대학원의 리처드 플로리다 교수는 미래변화를 주도하는 현대사회의 주역을 '창조계급(Creative Class)'이라고 명명했고, 창조계급이 주도하는 경제를 '창조경제(Creative Economy)'라고 불렀다.

플로리다에 의하면 산업혁명 시기, 경제의 원동력은 공장노동자였고 1950년대 경제 주역은 화이트칼라 회사원들이었으며, 21세기를 이끌어갈 주인공은 지식과 문화적 영감으로 무장한 창조계급이다. 그가 이야기하는 창조계급에는 과학기술자, 작가, 미술가, 예술가, 배우, 디자이너, 건축가, 출판인, 분석가 등 지식집약적인 노동으로 새로운 것을 창조하는 사람들이 총망라되어 있다.

"창조성은 다차원적이고 상호보완적인 다수의 형태로 나타난다. 대개의 사람들처럼 창조성이 새로운 블록버스터 발명품, 새로운 제품, 새 회사를 세우는 것 등에 국한된다고 생각하는 것은 잘못이다. 창조성은 오늘날의 경제에 널리 퍼져 있으며 진행 중이다. 우리는 계속해서 가능한 모든 생산품, 일의 공정, 경제활동 등을 개선하고 향상시키며 새로운 방식으로 그것 모두를 맞추고 있다. 창조성은 아직 하나의 완결된 '상품'은 아니지만, 우리 경제로부터 가장 높이 평가받는 상품이 되었다. 창조성은 사람들로부터 나온다. 그리고 사람들은 고용되고 해고될 수 있지만, 그들의 창조적 능력은 사거나 팔 수 없으며 마음대로 조작할 수도 없다. 이로 인해 우리의 일터에서는 새로운 질서들이 생겨난다.[98]"

창조성에 대한 플로리다의 통찰은 오늘날 문화경제를 이해하는 데 중요한 단초를 제공해준다. 창조성은 사람에게 체화된 취향, 능력, 속성이지만 다른 한편으로는 부가가치의 원천이 될 수 있는 잠재적 자본이다. 부르디외가 말한 체화된 문화자본 중 하나이다.

창의적 발상, 즉 창발성은 창의성으로 이어지고 창의성은 창조성으로 발전한다. 창조계급은 적은 비용으로 참신한 아이디

---

98 리처드 플로리다 지음, 이길태 옮김, 《창조적 변화를 주도하는 사람들》, 전자신문사, 2002년, 23쪽

어와 디자인을 만들고 전문적 지식을 활용해 새로운 가치를 창조해낸다.

　미국의 경우 노동인구의 약 30%인 3,830만 명이 창조계급에 속하는데, 1980년에는 20% 이하였다. 또 세리 루스 앤더슨과 폴 레이는《문화창조자들(The Cultural Creatives)》에서 문화창조 자들의 숫자를 약 5,000만 명으로 추산했다. 그들은 문화창조 자들을 정신적 영역과 개인 성장과 관련된 문제에 관심을 가진 독특하면서 이질적인 문화집단으로 보았다.[99]

　구체적으로 어떤 사람들이 창조계급에 속하는지의 기준은 전문가마다 다를 수 있다. 하지만 새로운 가치를 창출하는 사람, 업무를 창조적으로 하는 사람, 문화예술적 감성을 가진 사람들 이 미래사회의 주역이 될 거라는 데는 이견이 없다. 회사나 조 직 내에서도 창조적인 사람들의 역할은 매우 중요하다.

　오늘날의 경제는 상품의 대량생산에 기초하고 있는 '굴뚝 경 제'와는 다르다. 현대자본주의는 토지, 자본, 상품 등 고전적 경 제요소에 기반하고 있는 경제에서 사람과 장소가 결정적 역할 을 하는 경제로 이행하고 있다. 창의적 아이디어, 창의적인 비 즈니스 방법론, 창의적인 경영 등은 모두가 자본의 범주에 포함

99　조지 오초아·멜린다 코리 지음, 안진환 옮김, 《당신의 미래를 바꾸는 NEXT TREND》, 한국경제신문사, 2005년, 99쪽

될 수 있다. 플로리다는《도시와 창조계급》이라는 책에서 경제 성장의 핵심자산은 사람이며, 도시와 지역이 발전하기 위해서는 경제 발전의 세 가지 T, 즉 기술(Technology), 인재(Talent), 관용(Tolerance)의 조화가 중요하다고 주장했다. 그는 도시의 경제 발전이 화가, 연극인, 시인, 음악가, 디자이너, 영화인, 연예인 등과 같은 보헤미안의 수에 비례한다는 연구 결과를 발표하면서 이를 '보헤미안 지수'라 이름 붙이기도 했다.[100]

오늘날 모든 국가는 국가경쟁력 확보를 위해 공통적으로 두 가지의 노력을 기울이고 있는데 하나는 첨단기술개발이고, 또 하나는 우수 인재양성이다. 플로리다의 3T이론 중 기술과 인재에 해당한다. 여기에 플로리다가 관용을 추가한 것은 큰 의미가 있다.

플로리다가 말한 관용은 단순히 너그럽게 용서함을 뜻하는 사전적 의미의 관용(寬容)이 아니라 정치, 종교, 도덕, 학문, 사상, 양심 등의 모든 영역에서 의견이 서로 다를 때 다르다는 이유로 차별하거나 탄압해서는 안 되며 차이를 존중해야 한다는 프랑스적인 개념 '톨레랑스(Tolérance)'를 의미한다. 이는 곧 다양성과 차이, 열린 마음을 바탕으로 하는 문화를 가리킨다. 흔

---

100 리처드 플로리다 지음, 이원호 외 옮김, 《도시와 창조계급》, 푸른길, 2008년

히 인재와 기술은 강조하면서도 문화의 중요성은 간과하곤 하는데, 문화라는 밑거름이 없으면 기술과 인재만으로는 조직, 도시, 사회가 경쟁력을 가지고 성장할 수 없다.

한 일간지와 플로리다 교수의 인터뷰에서 톨레랑스를 창조도시의 3T 중 하나로 삼은 이유를 묻는 질문에 대한 플로리다의 다음과 같은 답변은 창의와 혁신에서 문화가 중요함을 강조하는 것이다.

> "오랫동안 연구한 결과다. '어떤 도시가 가장 역동적이고 혁신적으로 기업가 정신을 발휘할 수 있는가' 질문에서 자명한 대답은 기술이다. 또 대졸자 비중, 직종의 다양성 등도 중요하다. 하지만 창의성은 비상업적인 요인에 의해서 발휘된다는 점을 인지하고 인정해야 한다. 샌프란시스코 베이는 전 세계서 스타트업 생태계가 가장 앞서가는 곳이다. 여기 종사자의 3분의 1이 미국인이 아닌 한국·인도·중국, 유럽 출신이다. 다양한 국적과 다문화는 물론 성 소수자와 종교단체 등 다양성을 열린 마음으로 받아들이는 도시가 창의·혁신을 발휘한다는 것을 알아야 한다."

때로는
창조적 일탈이 필요하다

'의도하지 않았으나 운 좋게 발견한 것'을 '세렌디피티 (serendipity)'라고 한다. 1754년 영국 작가 호러스 월폴의 우화에서 유래했는데, 세렌디프라는 섬나라의 세 왕자가 섬을 떠나 세상을 겪으면서 뜻밖의 발견을 했다는 스토리에서 이 말이 만들어졌다. 만약 세 왕자가 섬을 떠나지 않고 왕궁에서 편안히 살았더라면 평생 보장된 안락한 삶을 살았겠지만 뜻밖의 발견이나 행운은 없었을 것이다. 매일 가던 길을 걷고 주어진 일 속에 갇혀 산다면 무슨 재미가 있겠는가.

선악과를 따먹은 원죄를 짓고 인간은 신의 보호 영역인 에덴 동산에서 쫓겨나 모든 것을 스스로 만들어야만 했다. 추위로부터 자신을 보호하고 쉴 수 있는 동굴이나 움막 같은 주거지를 만들어야 했고 정글 같은 자연에서 자신을 보호하기 위해 잎이나 동물 가죽으로 옷을 만들어 입었으며, 불을 발견해 음식을 익히는 방법을 알아냈다. 만약 다른 동물과 똑같이 살아왔다면 인간은 결코 만물의 영장이 될 수 없었을 것이다.

직립보행으로 자유로워진 손으로 인간은 도구를 만들었다. 또한 무리를 지어 살면서 질서를 유지하기 위해 규범과 가치를 만들었으며, 과학적 소통 수단인 언어도 만들었다. 천지를 창조한 것은 신이었을지 모르겠지만 사회와 역사를 만든 것은 분명 인간 자신이었다. 문화는 인간에 의한 창조의 산물이다.

'열심히 일한 당신, 떠나라!'라는 광고카피는 일로부터의 일탈을 권유한다. 영어나 프랑스어에서 일탈은 'deviance'이다. 이 단어의 어원을 따져보면 '길(via)을 벗어난다(de : away)'는 의미이다. 여행도 일이나 일상으로부터 벗어난 일시적 일탈이라 할 수 있다. 주어진 여건이나 정해진 틀을 벗어난 기쁨을 누리고자 하는 것은 인간 본성이다. 일탈에서 사람들은 삶의 에너지를 재충전한다. 일탈은 때로는 삶의 활력소가 되고, 창조적 문화의 자양분이 된다.

도전적 일탈이 새로운 문화창조의 모멘텀이 되는 경우를 우리는 어렵지 않게 접한다. 전위예술은 규범예술 관점에서 보면 문화적 일탈이며, 혁명은 보수정치 관점에서 보면 정치적 일탈이다. 이렇듯 창조적 파괴를 추구하는 일탈은 새로운 문화를 배

태하는 창조행위다.

'문화민족' 하면 우리는 프랑스인을 떠올린다. 문화에 대한 그들의 자존심은 오만에 가깝고, 그들이 수천 년간 이뤄놓은 문화는 눈부실 정도로 화려하다. 그 모든 것은 창조적 일탈로 이루어졌다고 해도 과언이 아니다.

파리의 중심부에 있는 에펠탑은 지금은 관광 명소이자 랜드마크이지만 처음 만들어졌을 때만 해도 파리 경관을 해치는 흉물스런 철골 덩어리라는 비판이 끊이지 않았다. 당대 최고 작가 모파상은 매일 에펠탑에 있는 식당에서 식사를 했다는 에피소드가 유명하다. 이유인즉, 에펠탑이 보기 싫어 에펠탑이 보이지 않는 곳을 찾다보니 유일한 장소가 에펠탑 내 식당이었다는 것이다.

에펠탑은 1889년 프랑스혁명 100주년을 기념하는 파리 만국 박람회를 위해 건립되었다. 당시 성당과 건물들은 대부분 대리석으로 만들어졌는데, 에펠탑은 300m가 넘는 철골 구조물이었다. 그야말로 파격이었다. 고전 건축양식과 공간미에 대한 개념을 단번에 깨버린 에펠탑은 건축 설계의 일탈이 빚은 창조행위였다.

웹툰과 드라마로 사랑을 받았던 〈미생〉의 마지막 회에 루쉰의 단편소설 《고향》을 인용한 다음과 같은 문구가 나온다.

"본래 땅 위에는 길이 없었다. 한 사람이 먼저 가고 걸어가는 사람이 많아지면 그것이 곧 길이 되는 것이다."

때로는 가지 않은 길을 과감히 가는 용기와 도전이 필요하다. 이전의 길 대신 다른 곳으로 다니게 되면서 새로운 길이 만들어진다. 문화도 마찬가지다. 원래부터 있었던 것은 없다. 아마 이런 것이 일탈에 대한 새로운 사회적 해석일 것이다. 이쯤 되면 문화적 일탈을 예찬하지 않을 수 없다. 일탈하라, 그리고 창조하라!

아웃라이어와 괴짜에
주목하라

창의적 혁신도 결국 사람이 하는 일인지라 창의인재의 역할이 커질 수밖에 없다. 그러다보니 기업은 아웃라이어(outlier)나 긱(geek), 너드(nerd) 같은 괴짜들에게 관심을 갖는다.

베스트셀러 저술가이자 저널리스트인 말콤 글래드웰은 행동과 사고방식이 보통 사람들의 범위를 뛰어넘는 비범한 천재들, 즉 아웃라이어들을 분석하면서 그들의 성공은 개인적 특성뿐 아니라 주변 환경과 문화적 유산, 시공간적 기회 등에 큰 영향을 받는다고 주장했다. 또한 글래드웰은 어느 분야에서든 세계 수준의 전문가, 마스터가 되려면 1만 시간의 연습이 필요하다는 신경과학자 다니엘 레비틴(Daniel Levitin)의 연구 결과를 소개했다. '1만 시간의 법칙'이 그것이다.

"작곡가, 야구선수, 소설가, 스케이트 선수, 피아니스트, 체스 선수, 숙달된 범죄자, 그 밖에 어떤 분야에서든 연구를 거듭하면 할수록 이 수치를 확인할 수 있다. 1만 시간은 대략 하루 3시간, 일주일에 20시간씩 10년간 연습한 것과 같다. 물론 이 수치는 '왜 어떤 사람은 연습을 통해 남보다 더 많은 것을 얻어내는가'에 대해서는 아무것도 설명해주지 못한다. 그러나 어느 분야에서든 이보다 적은 시간을 연습해 세계 수준의 전문가가 탄생한 경우를 발견하지는 못했다. 어쩌면 두뇌는 진정한 숙련자의 경지에 접어들기까지 그 정도의 시간을 요구하는지도 모른다.[101]"

아웃라이어들은 1만 시간 이상의 집중적이고 꾸준한 숙련을 거친 전문가이며 또한 마니아적 기질이 있고 몰입도가 높은 사람들이다. 창의성 전문가인 심리학자 미하이 칙센트미하이는 창의적인 사람들의 공통점은 자신이 하는 일을 사랑한다는 사실이라고 강조하며, '몰입(flow)'이라는 개념을 강조한다. 그는 '즐긴다는 것은 몰입하는 것'이라고 말한다.

그는 몰입상태에서 사람들은 다음과 같은 아홉 가지 느낌을 경험한다고 설명한다. 첫째, 직장이나 집에서 종종 해야 하는 서로 상반되거나 목적이 불분명한 일상적인 일들과는 달리, 몰

---

101 말콤 글래드웰 지음, 노정태 옮김, 《아웃라이어》, 김영사, 2009년, 546쪽

입상태에서는 무엇을 해야 하는지 분명히 알고 있다. 음악가는 다음에 어떤 음을 연주할 것인지를 알고 암벽 등반가는 어디에 다음 발을 디딜지 알고 있다. 둘째, 몰입상태에서는 자신이 얼마나 잘하고 있는지 알고 있다. 음악가는 자신이 연주하는 음이 맞는지 그 자리에서 듣게 된다. 셋째, 몰입상태에 있을 때는 자신의 능력이 주어진 일을 하기에 적절하다고 느껴진다. 넷째, 평소 우리는 무언가를 하면서 곧잘 다른 곳에 정신을 팔지만 몰입상태에서는 지금 하고 있는 일에 주의력이 집중된다. 다섯째, 몰입상태에서는 지금 그 자리에서 하는 일만 의식한다. 여섯째, 몰입상태에서는 무언가에 전념해 있는 나머지 실패를 걱정할 여유가 없다. 일곱째, 평소 우리는 다른 사람들에게 어떻게 보일지 신경을 쓰지만 몰입상태에서는 지금 하는 일에 몰두한 나머지 굳이 자아를 방어하지 않는다. 여덟째, 몰입상태에서는 시간을 잊게 되고 몇 시간이 마치 몇 분처럼 흘러갈 수도 있다. 아홉째, 위의 성향이 갖춰지면 우리는 무슨 일이든 즐기면서 할 수 있다.[102]

영재교육에서도 영재 판별의 중요한 기준 중 하나로 몰입을 꼽는다. 미하이 칙센트미하이는 천재들이야말로 몰입을 즐기는

---

102 미하이 칙센트미하이 지음, 노혜숙 옮김, 《창의성의 즐거움》, 북로드, 2003년, 133쪽

사람임을 갈파했다.[103] 아르키메데스가 욕조에서 넘치는 물을 보고 골똘히 생각하다 왕관에 불순물이 섞여 있는지를 알아내고 '유레카'라고 외친 것이나 뉴턴이 사과가 떨어지는 것을 유심히 관찰하다 만유인력의 법칙을 깨달은 것 등은 모두 몰입의 결과이다.

경영컨설턴트 라이언 매튜스와 와츠 왜커는 새로운 시장을 창출하는 비즈니스 전략으로 기업 내 괴짜들에게 주목해야 한다고 주장한다. 역사적으로 이름을 남긴 사람들은 무슨 무슨 쟁이, 미친 놈, 무명의 예언자, 몽상가, 예시자 등 다양한 이름으로 불렸지만 이들은 기존 질서에 도전하는 최초의 사람들이었다는 공통점을 갖고 있다.

헨리 포드, 알베르트 아인슈타인, 존 데이비슨 록펠러, 빌 게이츠, 스티브 잡스 등은 20세기와 21세기에 성공한 괴짜들이다. 일반적으로 받아들여지는 규범에서 벗어나는 사람들이 괴짜[104]인데, 이들은 기존 규칙을 깨기보다는 자신들의 규칙을 새롭게 만들고 있다. 사막의 작은 마을 라스베이거스를 꿈의 장소로 바꾼 벅시 시걸, 레코드 가게에서 시작해 200여 개의 계열사를 거느린 버진 그룹을 일궈낸 리처드 브랜슨, 괴짜 반자본주

---

103 미하이 칙센트미하이 지음, 노혜숙 옮김, 《창의성의 즐거움》, 북로드, 2003년, 137~152쪽
104 영어 원문에서는 deviant인데, 창조적 일탈자와 괴짜는 일맥상통한다.

의의 전형적 인물로 리눅스를 개발한 리누스 토발즈 등 괴짜들의 상상력이야말로 새로운 시장을 창출한 원동력이었다. 이런 괴짜들이 없었다면 예술도, 과학발전도, 기술진보도, 심지어 육체적 진화도 없었을 것이다.[105]

---

105 라이언 매튜스·와츠 왜커 지음, 구자룡·김원호 옮김, 《괴짜의 시대》, 더난출판사, 2005년

이야기 주도의 상상력이
이끄는 경험경제

우리는 트렌드 변화와 관련해서 미래학자들의 이야기에 관심을 기울이곤 한다. 미래학자, 미래예측가 중에는 세계적으로 잘 알려진 사람도 있다. 가령 미국의 앨빈 토플러, 존 나이스비트, 피터 슈워츠, 영국의 이안 피어슨, 프랑스의 자크 아탈리 등을 들 수 있는데, 덴마크에는 롤프 옌센(Rolf Jensen)이란 저명한 미래학자가 있다.

옌센은 '소비자는 상품이 아니라 상품에 담겨 있는 스타일과 이야기, 경험과 감성을 구매한다'고 강조하며, '경험경제'를 역설한 사람이다. 그는 세계 최고의 미래연구그룹인 코펜하겐미래학연구소(Copenhagen Institute for Futures Studies, www.cifs.dk)의 소장을 역임했으며, 우리나라에도 여러 차례 방문했다.

덴마크가 자랑하는 이 연구소는 재경부 장관과 OECD 사무

총장을 지냈던 토르킬 크리스텐센에 의해 1970년에 설립되었다. 주로 미래예측을 통해 기업이 전략 방향을 결정하는 데 도움을 주는 역할을 해왔다. 롤프 옌센은 이 연구소에서 주도한 프로젝트를 바탕으로《드림 소사이어티(The Dream Society)》라는 책을 펴냈다. 이 책은 사회적으로 큰 반향을 불러일으켰고 미래학 연구에서도 기념비적 저작으로 남아 있다.

> "드림 소사이어티에 대한 아이디어는 쌀쌀한 가을날 어느 아침회의에서 시작되었다. 주요 고객인 통신회사와 은행 사람들이 참석한 그 회의에서 우리 연구진은 앞으로 5~10년 후 시장의 변화와 사업 환경에 대해 발표했다. 우리의 발표를 들은 한 고객이 물었다. '정보사회 다음에는 어떤 사회가 도래할까요?' 우리는 그 순간 대답할 바를 몰라 혼란스럽고 불안했지만 간단히 대답했다. '걱정하지 마십시오. 정보사회는 상당기간 지속될 것이고, 그 과정의 주요 관심사는 신기술을 적용하는 것입니다.' 물론 그 대답을 찾게 되면 연락을 주겠다고 약속했다. 그 후 우리는 대답을 얻었고 고객들에게 연락했다. 다음에 도래할 사회는 드림 소사이어티다. 기업, 지역사회, 개인이 데이터나 정보가 아니라 이야기를 바탕으로 성공하게 되는 새로운 사회다.[106]"

---

[106] 롤프 옌센 지음, 서정환 옮김, 《드림 소사이어티 : 꿈과 감성을 파는 사회》, 한국능률협회, 2000년, 15쪽

코펜하겐미래학연구소는 21세기는 '필요 위주의 정보(need-driven information)'에서 '이야기 주도의 상상력(story-driven imagination)'으로의 변화가 기업에 큰 영향을 가져올 것이라 내다보았다. 드림 소사이어티는 물질경제 중심의 자본주의가 아니라 정보화 시대를 뛰어넘는 경험경제의 창조사회다. 이야기, 상상력, 꿈과 감성 등 무형의 가치가 새로운 가치의 원천이 되는 사회다.

옌센은 드림 소사이어티 도래와 함께 미래사회에서는 새로운 직함들이 등장할 거라고 예견했다. 마음과 기분 담당이사, 침착한 사람들 초빙 담당이사, 문화반 팀장, 상상력 최고책임자(CIO : Chief Imagination Officer), 가상현실 전도사, 기업미래 담당이사, 무형자산 평가사 등이다.

이 중 CEO에 빗댄 CIO가 눈에 띄는데, 실제 롤프 옌센은 드림컴퍼니(Dream Company A/S)라는 컨설팅회사를 설립하고 스스로 CIO에 취임했다.

문화콘텐츠에서 스토리의 중요성이 부각되고, 기업의 상품이나 마케팅에도 스토리와 감성이 담기고 있는 일련의 현상들도 같은 맥락으로 이해할 수 있다. 스토리는 부가가치가 높은 문화적 가치를 만들어내는 마법사다. 할머니가 화롯가에서 들려주던 옛날이야기, 드라마나 영화의 감동적 이야기, 동화나 소설,

친구들과 나누는 재미있는 이야기, 무용담, 체험담 등 우리는 이야기를 들으며 자라왔고 이야기를 통해 세상을 인식해 왔다. 디지털 스토리텔링 분야를 개척한 최혜실 교수는 '이야기는 인간이 세계를 인식하는 근본적인 방식'이라고 말한다.[107]

이야기(스토리)는 문학에 그치는 것이 아니라 표현방식이자 인식하는 방식이며 소통 도구다. 상품이나 서비스도 스토리를 통해 전달된다. 우리는 물건을 사는 것이 아니라 물건 속에 담겨 있는 재미있는 스토리를 구입하는 건지도 모른다. 스토리는 문화적 가치를 상품에 담아 상품의 가치를 높여주고 있다.

> "현재 문화콘텐츠산업에서도 '스토리텔링'이라는 용어는 미디어적 재현에 구애받지 않고 널리 활용되고 있다. 문화콘텐츠는 영화나 게임뿐 아니라 문학, 축제, 전시, 음악 등 지극히 다양한 담화의 양상을 드러내는 콘텐츠들을 포괄적으로 지칭하고 있으므로 스토리텔링에 있어서 '재현의 형식'보다는 '스토리의 재구성'이라는 문제를 공통분모로 갖는다고 할 수 있다. 다시 말해 '문화자원이 가진 보편적 소재들을 어떻게 새로운 이야기로 가공할 것인가'는 담화화 이전에 놓인 문제인 것이다.[108]"

---

107 최혜실 지음, 《문화콘텐츠, 스토리텔링을 만나다》, 삼성경제연구소, 2006년, 13쪽
108 김정희 지음, 《스토리텔링 이론과 실제》, 인간사랑, 2010년, 9~10쪽

세계에서 제일 비싼 커피는 코피 루왁(Kopi Luwak)이라는 커피다. 코피 루왁은 인도네시아어고 영어로는 시벳 커피(Civet coffee)다. 이것은 사향고양이가 먹고 배설한 커피열매로 만드는 커피로 일명 고양이똥커피라 불린다. 인도네시아 자바섬에 사는 야생고양이 루왁은 커피가 주식이다. 이 고양이는 체리처럼 생긴 커피 과육을 먹고 원두는 그대로 배설한다. 이 과정에서 고양이 체내의 소화효소와 아미노산이 첨가되면서 특이한 향과 맛이 난다고 한다. 한 해 생산량은 불과 500킬로그램 정도인데 일반 원두커피에 비하면 훨씬 비싸다.[109]

코피 루왁이 비싼 이유는 뭘까? 이를 한계효용이론으로 설명하는 것은 무리일 것 같다. 코피 루왁의 가격이 비싼 것은 아마 희소성, 독창성과 스토리가 만들어낸 문화적 가치 때문이다.

코피 루왁은 생산지가 제한적이며 생산량도 극히 소량이다. 그리고 '코피 루왁' 하면 사람들은 사향고양이의 배설 이야기를 떠올리고, 이런 특별한 이야기가 담긴 커피를 마시면서 일시적으로나마 감성적 분위기에 젖는다. 루왁 커피를 마시면서 사람들은 특별한 향과 함께 특별한 스토리를 소비하는 것이다. 이것이 문화적 가치를 높여주는 스토리의 힘이다.

---

[109] 문화방송 엮음, 《2010 트렌드 웨이브 : MBC 컬처 리포트》, 북하우스, 2009년, 208쪽

백세주에 얽힌 이야기를 담아 스토리텔링 마케팅에 성공한 국순당의 사례도 있다. 백세주를 마시면서 사람들은 누룩, 구기자, 오미자, 산수유 등으로 빚은 전통주가 아니라 백세주 스토리를 소비한다. 소주와 백세주를 섞은 오십세주에도 마찬가지의 이야기를 담아 즐긴다.

복분자주도 스토리를 갖고 있다. 옛날 신혼부부가 있었는데 남편이 이웃 마을에 볼일을 보고 돌아오다가 배가 너무 고파 우연히 덜 익은 산딸기를 먹었고, 다음날 아침 일어나서 소변을 보니 소변줄기가 너무 힘이 세어 오줌 항아리(요강)가 뒤집어졌다는 이야기다. 그래서 '뒤집어질 복(覆)', '항아리 분(盆)'을 합해 '복분자(覆盆子)딸기'라는 이름이 생겼다고 한다. 이런 믿거나 말거나 식의 스토리가 복분자 술의 가치를, 사실은 가격을 높여주고 있다.

말보로(Marlboro) 담배에도 낭만적인 비운의 사랑 이야기가 따라다닌다. Marlboro가 'Man Always Remember Love Because Of Romance Over(남자는 흘러간 로맨스 때문에 항상 사랑을 기억한다)'의 약자라는 이야기다. 이런 이야기의 진위는 중요하지 않다. 이야기가 재미있으면 그만이다. 이런 이야기가 만들어져 떠도는 것은 돈을 들여 광고하는 것보다 훨씬 효과가 크다. 이런 것이 스토리의 힘이다.

스토리를 만드는 것은 사람이다. 창의적인 사람은 재미있고 창의적인 이야기를 만든다. 여기에서 우리는 문화를 만드는 사람의 중요성을 다시금 깨닫게 된다.

문화와 경제가 만나
만드는 문화산업

오늘날 우리가 문화와 산업에 주목해야만 하는 이유에 대해 미디어전문가 김승수 교수는 다음과 같이 다섯 가지로 설명한다.

첫째, 언론, 정보, 지식, 문화 등 정신적 가치를 제작·공급하는 문화산업은 사람들의 가치관, 세계관, 창의성, 상상력, 비판적 의식을 자극한다.

둘째, 문화산업은 민주주의와 불가분의 관계에 있다. 문화산업은 집권자들이 공정한 경쟁과 투명한 국가 경영을 하도록 견인하고, 국민들이 정치 과정에 적극적으로 참여하도록 촉진함으로써 민주주의 구현에도 기여한다.

셋째, 국가정체성과 민족정체성을 수호하는 견인차 구실을 한다.

넷째, 자본 축적, 경제성장 등에 지대한 구실을 한다.

다섯째, 문화산업은 매체산업, 대중문화산업, 디지털 매체산업 등을 포괄하는 거대한 시장을 형성하여 국민들에게 고용의 기회를 제공한다.[110]

유네스코에서는 한때 문화가 경제성장의 동력인가, 아니면 삶의 질 문제인가에 대한 논쟁을 벌인 적이 있다. 각각의 주장은 나름대로 논리를 갖고 있기 때문에 어느 한쪽이 옳고 그름의 문제는 아니다. 문화산업이 굴뚝 없는 공장으로 인식되고 전체 산업에서 차지하는 비중이 커지고 있는 것이 현실이다 보니 문화는 경제의 바깥에 있고 삶의 질 문제로만 인식해야 한다는 논리만으로 문화를 설명할 수는 없다.

문화는 경제가 아니다. '문화 = 경제'의 공식은 성립할 수 없다. 하지만 오늘날 문화는 경제에 막대한 영향을 주는 요인이고, 문화산업은 고부가가치의 블루오션으로 부상하고 있다. 선진국을 비롯한 여러 나라들은 문화콘텐츠산업을 미래산업 또는 신성장동력으로 인식하면서 전략적으로 육성하고 있다. 우리나라도 마찬가지다. 이런 변화된 환경에서는 근본적 인식 전환이 필요하다.

앞서 살펴본 바와 같이 문화적 가치에 대한 좀 더 깊이 있는

---

110 김승수 지음, 《정보자본주의와 대중문화산업》, 한울아카데미, 2007년, 5쪽

천착이 필요하고, 자본에 대해서도 확장된 시각을 가져야 한다. 문화산업으로 만들어진 문화상품·서비스는 경제적 가치뿐만 아니라 문화적 가치를 동시에 갖고 있다는 사실을 잊어서는 안 된다.

문화의 본질적 속성인 창조성은 가치를 만들고 새로운 가치를 인식하는 출발점이다. 상품에는 기능이나 효용만 있는 것이 아니라 창의적 아이디어나 문화적 가치가 함께 담겨진다.

젊은 소비자들은 기능이 뛰어난 스마트폰보다는 디자인이 독창적인 것을 선호한다. 비슷한 기능, 비슷한 가격이라면 색상이나 디자인, 독창성을 따져 상품을 고른다. 설사 가격이 더 비싸더라도 독특한 것, 창의적인 것에 비용 지출하기를 결코 마다하지 않는다. 이런 소비패턴은 문화상품에서 가장 두드러진다. 가격, 기능을 따지는 합리적 선택보다 창의성, 심미성을 따지는 문화적 선택이 점점 일반적인 현상이 되고 있다.

스턴버그(Sternberg)는 창의성을 '남이 보지 못하는 가치를 보는 것'이라고 정의했다. 문화적 가치는 눈에 보이는 가치가 아니다. 하지만 상품의 차이를 결정하는 중요한 2%는 결국 창의성, 감성, 문화적 가치 등이다.

문화적 가치와 감성은 대부분의 상품에 담길 수 있다. 사고파는 것은 물건이지만 그 이면에서는 감성을 기반으로 하는 서비스, 스토리와 문화적 가치가 거래되는 것이다. 고급 부티크는 옷을 파는 것이 아니라 멋진 모습과 스타일, 매력을 파는 것이고, 보험설계사는 보험 상품이 아니라 불안한 미래에 대비하는 편안한 마음과 가족의 밝은 미래를 파는 것이며, 서점에서는 책이 아니라 즐거운 시간과 지식의 혜택을, 항공사에서는 비행기 표가 아니라 빠르고 안전함, 그리고 정시 도착의 편리함을 파는 것이다.[111]

우리가 관찰할 수 있는 변화 징후로 미루어볼 때 미래사회에서 문화의 비중은 더 커질 수밖에 없다. 문화는 인간 행복에 있어서 가장 중요한 요인이기 때문이다. 4차 산업혁명으로 인해 인간노동이 인공지능 기계로 대체되고 있지만 문화예술 영역은 자동화, 기계화가 어려울 수밖에 없다.

또한 신종 코로나바이러스의 확산으로 대면 공연, 예술 등 문화산업이 다소 위축되었다고는 하지만 또 다른 측면에서 보면 넷플릭스, 온라인 콘서트 등 대중이 소비하는 문화예술 상품의 유형이 바뀌고 소비의 패턴이 바뀌었을 뿐이다. 중장기적으로 보면 문화산업은 확대되면 됐지 침체되지는 않을 것이다.

문화는 현대적인 자본의 개념도 바꾸고 있다. 전통적으로 자

---

111 이유재 지음, 《울고 웃는 고객 이야기》, 연암사, 1997년. 김현곤 지음, 《모든 비즈니스는 서비스로 통한다》, 삼우반, 2010년 재인용

본이 경제 영역에만 머물던 것을 넘어 이제는 문화 영역으로까지 확대되었다. 문화적 취향이나 제도화된 가치는 문화자본이며, 하루아침에 만들어질 수도 없고 돈으로 사고팔 수도 없다.

가치나 자본은 문화라는 관점에서 새롭게 재해석해야 한다. 자본의 미래는 상당 부분 문화의 역할에 달려 있다고 해도 과언이 아니다. 문화마케팅, 문화소비, 문화산업, 문화경영은 미래 자본주의의 얼굴을 새롭게 그려가고 있다.

디자인은
문화산업의 최전선

일본 파나소닉의 창업자이자 경영의 신이라 불리는 기업인 마쓰시타 고노스케(松下幸之助, 1894~1989)는 일찍이 디자인 파워를 비즈니스에 도입한 선구자였다. 패전 뒤 처음 미국을 방문한 마쓰시타 사장은 '디자인'이라는 신개념에 크게 충격을 받았다고 한다. 성능이 똑같은 라디오인데도 가격이 다른 이유를 백화점 점원에게 물어보았는데, 그 점원은 '디자인의 차이'라고 답했다고 한다. 마쓰시타 사장은 '상품은 기능이 아니라 소통'이라는 새로운 트렌드를 발견한 것이다.

일본으로 돌아오자마자 마쓰시타 사장은 회사에 디자인 부서를 신설하고 파나소닉 브랜드를 세계화하는 데 성공했다. 노태우 정부 시절 초대 문화부 장관을 지낸 이어령 교수는 이 이야기를 예로 들면서 디자인의 중요성을 강조했다. 덧붙여 그는

'근대화에 한발 늦은 한국이 과학기술면에 뒤지는 것은 어쩔 수 없는 일이라 해도, 디자인과 같은 문화적 감성 면에서 뒤처지는 것은 기업이 아니라 지식인의 책임'이라고 말했다.[112]

이각범 카이스트대학교 교수는 디자인과 문화콘텐츠, 이 두 축은 상상력을 자극해 창조적 융합을 가능하게 하고 소프트 파워를 강화하는 원동력이므로, 국가와 기업은 문화와 브랜드를 만들어 창조산업 육성과 창조인력 양성에 획기적 전기를 만들어야 한다고 강조했다.[113]

2009년 영화의 새 지평을 열었던 제임스 카메론 감독의 〈아바타〉 이후 영화산업에서는 3D가 각광을 받기 시작했다. 변화 트렌드에서도 중요한 3D가 있으니 그것은 디자인(Design), 디지털(Digital), 그리고 DNA다. 디지털은 정보혁명과 IT산업의 기반이고, DNA는 무병장수에 대한 인간의 근원적 욕망을 상징하며 생명공학, 바이오산업의 기반이다. 이어령 교수는 '디자인은 디지털, DNA와 달리 인간의 상상력과 감동이 만들어내는 창조력의 산물이므로 시와 음악처럼 삶의 양식이 아니라 삶의 목적이며 그 내용'이라고 말했다.[114]

---

112 이각범 외 지음, 《하이트렌드 : 디자인과 콘텐츠가 창조하는 기업의 미래》, 21세기북스, 2009년, 이어령 추천사에서

113 이각범 외 지음, 《하이트렌드 : 디자인과 콘텐츠가 창조하는 기업의 미래》, 21세기북스, 2009년, 10~11쪽

한국이 낳은 세계적인 산업디자이너 김영세 이노디자인 대표는 디자인은 보이지 않는 것을 자신의 의도와 신념에 따라 그려내고 실현하는 것이라며, 우리가 살아가는 인생에서 모든 것에 대한 변화가 곧 디자인이라 말한다.[115]

애플의 창업자 스티브 잡스 역시 디자인의 가치를 제대로 인식한 혁신가였다. 그는 특히 디자인에 관해 많은 어록을 남겼는데, 그중 몇 가지만 살펴보기로 하자.[116]

"디자인이란 인간이 만들어낸 창조물의 근본적인 영혼으로서, 제품과 서비스가 겹겹이 쌓이며 사물의 바깥으로 스스로를 표현하는 것입니다."
(《포춘》, 2000년)

"사람들은 디자인을 겉치장 정도로 생각합니다. 하지만 그런 것이 디자인이라고 생각하지 않습니다. 디자인은 어떻게 보이느냐 혹은 어떻게 느끼느냐 차원의 문제가 아닙니다. 디자인은 어떻게 작동하느냐에 관한 문제입니다." (《뉴욕타임스》, 2003년)

114 이각범 외 지음, 《하이트렌드 : 디자인과 콘텐츠가 창조하는 기업의 미래》, 21세기북스, 2009년, 이어령 추천사에서
115 김영세 지음, 《이노베이터》, 랜덤하우스코리아, 2005년
116 '디자인에 대한 스티브 잡스 명언 베스트 10' 중에서 발췌.
     http://www.multiwriter.co.kr/1044

"많은 제품들의 디자인을 보십시오. 외관이 정말 복잡합니다. 우리는 좀 더 단순하게 만들기 위해 노력했습니다. 여러분이 어떤 문제를 풀려고 할 때 머릿속에서 처음 나오는 해결책은 복잡하기 마련입니다. 그러나 양파 껍질을 벗기듯이 계속 그 문제를 파고들며 함께 살다보면 종종 매우 우아하고 단순한 해결책을 찾아낼 수 있습니다. 대부분의 사람들은 거기까지 도달하기 위한 시간과 에너지를 쏟지 않습니다. 우리는 고객들이 매우 똑똑하기 때문에 결국 심사숙고 끝에 개발한 제품들을 선택할 것이라고 믿습니다." (《뉴스위크》, 2006년)

잡스에게 있어서 디자인은 단순히 미학적 외관이 아니었다. 기술과 기능을 먼저 생각하고 거기 맞춰 디자인하는 것이 아니라 오히려 디자인에 맞게 기술과 기능을 구현해야 한다는 것이 그의 생각이었다. 애플의 디자인 철학은 전 세계적으로 그 많은 '앱둥이', '애플빠'라 불리는 마니아층을 만들어냈다.

디자인은 브랜드와 함께 가장 중요한 두 가지 축이라 할 수 있다. 네덜란드의 필립스사는 '제품의 성공 여부는 디자인이 80%를 차지한다'며 디자인 경영체제를 구축했고, IBM도 '좋은 디자인이 훌륭한 비즈니스'라고 말하고 있다. 디자인이 회사 이미지와 결합해 멀리서 보더라도 소비자들이 금방 알 수 있도록 하는 것이 바로 브랜드다. 디자인과 브랜드는 따로 떼어놓고 생각할 수 없는 하나의 몸통이다. 디자인이 제품 가격이라면 브랜드는 제품 가치라고 할 수 있다.

〈매일경제신문〉의 이병문 기자는 유럽 각국을 돌며 디자인 변혁 현장을 취재해《북유럽 디자인 경영》이라는 책을 썼는데, 이 책에서 그는 디자인의 중요성을 강조하며 디자인은 '우리 인간이 어떻게 하면 아름답고 품격 있게 살 수 있는가에 대한 방법을 찾는 것'이라고 정의했다.

디자인은 문화산업의 첨병이며, 최전선에 놓여 있다. 디자인은 단지 외양을 아름답게 꾸며 심미적 가치만 높이는 것이 아니라 물건의 가치 전체를 높여준다. 오늘날의 디자이너는 제품의 아이디어 단계부터 최종적인 형상화 단계까지 총괄하는 PM(프로젝트 매니저) 역할을 한다. 실제로 독일 테자인(Tesign)의 조지 테오도레스쿠 대표는 이렇게 말했다.

> "디자이너는 다양성을 창조하는 패러다임의 선구자 역할을 다하고 풍부한 지식을 소유해야 하고 문제 전체를 조망할 수 있고 그 해결점을 찾을 수 있어야 한다.[117]"

---

117 이병문 지음, 《북유럽 디자인 경영》, 매일경제신문사, 2003년, 29쪽

기업과
문화

　기업에게 문화는 어떤 의미를 갖는가. 과거에는 기업이 신기술을 개발하고 품질관리만 잘하면 됐지만 지금은 그렇지 않다. 한 기업이 문화를 어떻게 인식하고 어떻게 활용하고 어떤 기업문화를 만들어 가는가는 기업의 경쟁력뿐만 아니라 경영에 있어서 매우 중요하다. 사회변화에서 문화의 비중이 커지는 만큼 기업에서도 문화가 중요해진다.

　기업 관점에서 문화는 몇 가지 차원으로 나눠 생각해 볼 수 있다. 보통 '문화마케팅'이라는 말을 많이 사용하는데 이 용어는 여러 가지 의미를 내포한다. 글로벌 기업에서 통용되는 '기업문화를 통한 마케팅'이라는 의미도 있고, 문화예술을 활용한 마케팅, 문화산업 마케팅, 문화예술 지원을 통한 마케팅 등의 의미도 포함한다.

삼성그룹이 창업자 이병철 회장의 뜻에 따라 삼성문화재단을 설립하고 리움미술관, 호암미술관, 삼성어린이박물관 등을 운영하고 있는 것, 화약 제조를 모태로 하는 기업 한화그룹이 '기업은 사회를 밝히는 불꽃이 돼야 한다'며 기업 이미지에 맞게 해마다 '서울세계불꽃축제'를 개최하고 있는 것 등은 문화마케팅의 좋은 예들이다.

한편 문화마케팅과 유사한 메세나라는 것도 있는데 엄밀하게 말하면 문화마케팅과는 구분되는 개념이다. 메세나는 문화예술 후원을 통해 기업 이익을 사회에 환원하는 일종의 사회공헌 활동이고, 문화마케팅은 기업의 이윤창출을 위해 하는 홍보, 광고, 영업, 브랜드, 이미지, 프로모션을 비롯해 인사, 복지, 교육, 리더십, 기업문화, 해외진출 등 경영전반에 걸친 마케팅 전략을 말하기 때문이다.[118]

하지만 메세나도 궁극적으로는 기업의 이미지를 제고해 브랜드 가치를 창출함으로써 당장 눈에 보이지는 않지만 장기적 이익을 가져다준다는 측면에서 문화마케팅 범주에 넣어도 무방하다. 문화경영, 사회공헌, 창조경영, 환경경영 등 트렌드를 통칭해 '지속가능경영'이라 부르기도 한다. 최근에는 글로

---

118 김우정 지음, 《문화마케팅》, 바람, 2006년, 179쪽

벌 기업들이 이윤만을 추구하지는 않고 비재무적 요소인 환경 (Environmental), 사회(Social), 지배구조(Governance)에 중점을 둠으로써 사회에 긍정적인 역할을 하고자 노력하는 것이 추세인데, 이런 '기업경영 트렌드를 ESG 경영'이라고 한다. SK그룹은 대기업 중에서도 가장 적극적으로 나서고 있는 기업인데, 최태원 회장은 2018년 그룹 CEO 세미나에서 "친환경 전환을 위해 기술개발 등 구체적인 전략을 마련하라"고 언급한 데 이어 2020년 10월 열린 CEO 세미나에서도 "친환경 노력은 모든 관계사가 각자 사업에 맞게 꾸준히 추진해 달라"고 주문했으며 2021년 신년사에서도 "기후변화나 팬데믹 같은 대재난은 사회의 가장 약한 곳을 먼저 무너뜨리고 이로 인한 사회문제로부터 기업도 자유로울 수 없다"며 "사회와 공감하며 문제해결을 위해 함께 노력하는 '새로운 기업가 정신'이 필요한 때"라고 강조했다.[119]

이렇게 기업들이 사회문화 전반의 변화에 부응하고 사회문제에 적극 참여하는 것이 요즘의 트렌드다.

기업에게는 기업문화가 중요하며, 좋은 기업문화가 좋은 기업을 만든다. 창의적인 기업이 되려면 창의적 기업문화를 만들어

야 한다. 그래야 직원의 창의적인 업무가 대접받고, 직원의 창의성도 고양될 수 있다. 창의성은 생산성이나 창의적 제품개발의 핵심요인이다. 문화를 '생각하고 살아가는 방식'이라고 한다면, 기업문화란 기업에서 경영자나 직원이 아이디어를 내고 업무를 진행하고 함께 관계를 맺는 방식을 의미한다. 직원들이 어떤 환경에서 일하고 어떻게 일하는가가 바로 기업문화이다.

2500여 년 전에 공자는 '知之者 不如好之者 好之者 不如樂知者(지지자 불여호지자 호지자 불여락지자)'라고 이야기했다. '아는 자는 좋아하는 자만 못하고 좋아하는 자는 즐기는 자만 못하다'는 말이다. 지식기반사회에서는 그냥 알기만 하는 사람보다는 이를 좋아하는 사람이 낫다. 또한 그냥 좋아하는 데 그치지 않고 그 지식을 즐기며 일한다면 최고가 아니겠는가.

기업경영인이나 직원들에게도 마찬가지로 적용될 수 있다. 고급지식을 아무리 많이 갖고 있어도 자기 일을 좋아하지 않고 억지로 회사 눈치를 보며 일해서는 창의적 성과를 낼 수 없다. 직원이 즐거워야 회사가 잘 되고, 직원이 창의적이어야 창의적 성과가 많이 나올 수 있는 법이다.

---

120 미국의 테일러가 고안한 과학적 경영관리기법으로 시간과 동작연구를 통해 작업표준량을 제시하여 과업을 관리하고 노동의욕을 고취하고자 차별성과급제도를 도입하는 등의 관리방식

우리가 평생 사회생활을 한다고 가정할 때 회사나 사회에서 보내는 시간은 가족, 친구들과 보내는 시간보다 훨씬 길다. 가장 많은 시간을 보내는 직장에서 즐겁게 일할 수 있다면 굳이 테일러 시스템[120], 포드 시스템[121]을 따지면서 근태관리를 할 필요가 없을 것이다.

회사는 이익을 창출해야 하기 때문에 늘 긴장하면서 최선의 노력을 다해야 하는 곳이다. 하지만 그렇다고 전쟁터 같은 분위기를 만들 필요는 없다. 긴장된 분위기에서 창의적 아이디어나 기발한 디자인이 만들어지기는 어렵다. 마음 편히 즐겁게 일할 수 있는 여건을 만들어 직원 개개인의 능력을 끌어낼 수 있는 경영자가 유능한 경영자다.

한때 기업에서는 '펀(fun) 경영'이 유행이었다. 하지만 형식적인 펀 경영보다는 직원의 마음을 움직이는 펀 경영이 중요하다. 그냥 회사에 오락실 하나, 휴게실 하나 만든다고 직원들이 선뜻 재미를 느낄 수는 없다. 경영컨설턴트 박기찬은 "직원을 쓰고 버리는 소비성 구성물로 보지 않고 가장 가치 있는 자원으로 인식하는 것이 중요하다"고 강조한다. 이익은 고객으로부터 오

---

121 미국의 자동차왕 헨리 포드에 의해서 실시된 생산시스템으로 제품·부품의 표준화, 규격화 등을 통한 생산 표준화와 컨베이어라는 이동조립라인 등을 도입한 대량생산방식
122 박기찬 지음, 《신나는 조직을 위한 펀 경영》, 다밋, 2009년

지만 고객에게 부가가치를 제공하는 것은 직원이며, 직원이 만족하지 못하면 고객에게 좋은 재화나 서비스를 제공할 수가 없기 때문이다.[122]

업무에서도 재미와 유머를 적절히 섞는다면 같은 일을 하면서 직원도 즐겁고 고객도 즐거워진다. 미국 사우스웨스트항공사는 "기내에서는 금연입니다. 흡연하실 분은 문을 열고 밖으로 나가 날개 위에서 맘껏 피우세요. 오늘 흡연하면서 감상할 영화는 〈바람과 함께 사라지다〉입니다"라는 재미있는 기내방송을 하고 있다는데, 이렇게 기발한 유머를 업무에 반영하는 것도 펀 경영이다.

'WLB(워라밸) 경영'도 중요하다. WLB란 'Work & Life Balance'의 약자로 '일과 생활(가족)의 균형'을 뜻한다. 산업화 시대에는 '선공후사(先公後私)'라는 미명하에 직장인들은 늘 가정생활, 개인생활의 희생을 강요당했지만 이제 이런 방식은 더 이상 설자리가 없다. 사생활이 존중되고 가정생활도 충실하게 할 수 있어야 직장에서의 업무효율도 올라간다.

더군다나 요즘은 여성의 사회진출이 늘고 있고 맞벌이 부부가 대세다 보니 '남편은 직장에만 충실하면 되고 가정의 일은 아내의 몫'이라는 생각은 시대착오적이다. 선진국에서는 일찍부터 워라밸 경영이 보편화되었고, 우리나라에서도 많은 기업들이 도입하고 있다. WLB는 개인에게는 삶의 질 향상, 기업에게는 경쟁력의 제고, 국가적으로는 저출산의 대책이 될 수 있다.[123]

'휴(休) 경영'도 트렌드다. 말 그대로 '휴식 경영'인데, 직원들이 놀고 휴식할 수 있는 충분한 여유를 주는 방식의 경영이다.

일 잘하는 직원이란 놀 때는 놀고 일할 때는 집중력을 갖고 일하는 직원이다. 격무에 지친 피로한 몸을 육체적으로 쉬게 하는 소극적 의미의 휴식이 아니라 재미있는 휴식을 통해 마음의 여유를 갖게 하고 창의적 아이디어를 낼 수 있도록 한다는 의미에서 편 경영이나 WLB 경영과도 일맥상통한다.

휴식공간도 만들고 휴가도 편히 즐길 수 있게 하고, 골치 아픈 업무를 잊고 재충전할 기회도 제공해야 한다. 정부부처나 공공기관에서 휴가사용률을 성과평가의 지표로 도입해 적극적인 휴가사용을 권장하고 있는 것도 같은 맥락이다.

CEO에게는 문화적 감성과 창의성을 기반으로 하는 창조경영이 요구된다. 기업인들이 와인문화나 예술품에 관심을 갖고 창의인재 발굴을 위해 파격적인 인사혁신을 단행하고 편 경영, 워라밸 경영, 문화마케팅을 도입하고 있는 것은 모두 기업문화

---

123 오종남 지음, 《은퇴 후 30년을 준비하라》, 삼성경제연구소, 2009년, 78쪽

의 변화 트렌드를 보여준다.

기업은 무엇보다 문화트렌드에 민감해야 한다. 트렌드(trend)는 원래 경제 분석에서 사용하는 용어로 '장기적 변동의 추세'를 뜻한다. 유행이나 패션 같은 용어와는 뉘앙스가 다른데, 현재 유행보다는 변화추세를 가리키는 말이다. 그렇다면 문화트렌드는 사회의 변화, 기술변동 등에 기반하고 있는 문화의 변화 방향을 의미한다. 사람들의 생활방식이 어떻게 변화하고 있는지, 앞으로 어떻게 변화할지 등에 대한 예측이나 전망이다.

문화트렌드 변화를 제대로 포착해야 시장변화에 신속히 대응할 수 있다. 기술개발만 잘하면 살아남을 수 있다는 생각은 위험하다. 공부 잘한다고 다 성공하는 것은 아니며, 기술개발에 성공한다고 다 돈을 버는 것은 아니다. 하나의 기술을 개발해 상품화하고 이윤을 창출하기까지는 죽음의 계곡(death valley)을 넘어야 하지만 문화트렌드의 장벽도 넘어야 한다.

상품이 시장에 나오기까지는 넘어야 할 여러 단계가 있다.

우선 기술의 기반이 되는 '원리를 발견하는 단계'인데, 이는 과학자의 몫이다.

다음은 그 원리를 기반으로 하는 실용적 기술을 개발하는 '연구개발(R&D) 단계'인데, 이때는 엔지니어의 역할이 중요하다.

그다음은 '사업화 단계'로 비즈니스 마인드가 중요하다. 아무리 획기적인 기술이라고 하더라도 사업화가 되기 위해서는 실용성, 경제성을 면밀히 따져야 하며, 이 기술로 만든 상품이나 서비스가 과연 소비자의 습관을 바꿀 수 있는지 등을 검토해야 한다.

마지막이 '상업화 단계'인데, 이때는 소비 심리, 문화트렌드와의 부합도, 출시 시점, 유사 상품과의 차별화 등을 종합적으로 고려해 마케팅을 해야 한다.

테크놀로지에만 집중하고 시장이나 고객의 취향 변화를 포착하지 못하면 성공할 가능성이 낮다. 기술적 완성도에만 천착하다가는 아무리 성능이 뛰어난 상품을 만들어도 호응을 얻기가 쉽지 않다. 정치변화나 경기변동에 대한 분석도 필요하지만 문화변동을 따라잡지 못하면 기업은 막차를 탈 수밖에 없다. 미래 예측에서 문화트렌드 예측은 큰 비중을 차지한다. 감성 요인이나 문화적 가치가 점점 더 중요해지기 때문이다.

콘텐츠노믹스,
시장가격보다 더 큰
콘텐츠의 가치

15세기 이후 지리상의 대발견이 한창이던 시절, 미지의 땅을 찾아 나선 사람들은 전설로 전해지는 엘도라도(El Dorado)에 대한 막연한 동경심을 갖고 있었다.

엘도라도는 '황금의 땅'이라는 뜻이다. 온몸에 사금을 칠한 사람들이 사는 엘도라도의 왕은 태양의 아들이며, 황금으로 만든 반지, 팔찌, 목걸이, 왕관으로 온몸을 치장하고 황금으로 만든 집에 산다고 전해졌다. 탐험가, 항해가들은 지구상 어딘가에는 분명히 있다고 믿는 엘도라도를 찾아 다녔다. 그러다 운이 좋아 금맥을 발견하면 일확천금을 얻을 수 있었다.

1차 세계대전 이전까지 국제사회의 화폐제도는 금본위제였다. 화폐 단위의 가치와 금의 일정량의 가치가 등가관계를 유지하는 제도를 뜻한다. 실제 금화를 유통하거나 아니면 은행권, 지폐 등 화폐를 유통하되, 발행된 화폐 가치만큼 금을 보유하는 제도를 통칭한다. 어쨌거나 고래로부터 황금은 부의 상징이었다.

21세기 들어 새로운 고부가 가치의 원천으로 콘텐츠가 새롭게 조명되고 있다. 콘텐츠가 성장엔진이 되는 이른바 '콘텐츠노믹스'에 주목하고 있다. 이전 산업화 시대에는 화폐, 건축물, 기계, 재화 등 유형의 자산과 가치가 중요했다. 하지만 4차 산업혁명이 대세인 지금, 가치의 중심은 점점 유형에서 무형으로 옮겨가고 있다. 재미있는 스토리, 독창적 아이디어, 정교한 소프트웨어 등 무형의 가치를 통칭하는 말이 바로 콘텐츠다. 콘텐츠는 매체가 전달하는 정보를 말한다. 보통 복수형 콘텐츠(contents)는 내용이나 목차를 뜻하지만 우리나라에서는 창작물이나 저작물, 가치 있는 정보 등을 가리키는 용어가 되었다. 문화산업진흥기본법과 콘텐츠산업진흥법에 의하면, 콘텐츠는 "부호·문자·도형·색채·음성·음향·이미지 및 영상 등(이들의 복합체를 포함한다) 자료 또는 정보"로 정의될 수 있다. 콘텐츠산업은 매우 광범하고 다양하다.《2016 콘텐츠산업 통계조사》에서는 출판, 만화, 음악, 게임, 영화, 애니메이션, 방송, 광고, 캐릭터, 지식정보, 콘텐츠솔루션 등으로 구분하고 있다.[124]

---

[124] 문화체육관광부·한국콘텐츠진흥원 지음, 《2016 콘텐츠산업 통계조사》, 2017년 3월

우리는 일상생활에서도 콘텐츠란 말을 자주 사용한다. 사람을 평가할 때는 그 사람이 콘텐츠가 있는지 없는지를 따지고, 문화산업에서는 문화콘텐츠를, 인문학에서는 인문콘텐츠를 이야기한다. 심지어 클럽 홍보물에서조차 '차별화된 콘텐츠'로 모시겠다고 강조하고 있다.

콘텐츠는 내용에 해당한다. 얼굴보다는 마음, 뚝배기보다는 장맛이 우선이라는 말이 있다. 얼굴, 뚝배기는 눈에 보이는 외양이나 형식을 가리키고, 마음이나 장맛은 보이지 않는 내용이다. 사람의 신체나 얼굴 속의 마음, 뚝배기에 담겨 나오는 장맛에 해당하는 것이 콘텐츠다. 요컨대 콘텐츠는 미디어라는 그릇에 담겨 있는 내용물이라고 할 수 있다.

콘텐츠는 항상 미디어와 짝을 이룬다. 콘텐츠는 미디어를 필요로 하고 미디어는 콘텐츠를 필요로 하기 때문이다. 그래서 콘텐츠는 '테크놀로지를 전제로 하거나 테크놀로지와 결합된 내용물'이라고 할 수 있다.

우리가 사용하는 책, 텔레비전, 영화, 라디오 등의 미디어는 모두 테크놀로지의 산물이다. 인쇄술, 영상을 녹화하는 기술, 소리를 송수신하는 기술 등으로 탄생한 미디어지만 미디어만으로는 어떤 효용이나 효과를 창출하지 못한다.

미디어에는 메시지나 콘텐츠가 담겨야 한다. 텔레비전이라는 미디어에는 프로그램 영상물이라는 콘텐츠가 담겨 있고, 책이라는 미디어에는 지식콘텐츠가 담겨 있다. 디지털기술은 디지털콘텐츠를 동반한다. 4차 산업혁명을 이끄는 첨단기술들도 콘텐츠를 필요로 한다. 가령 인공지능기술은 빅데이터라는 콘텐츠를 필요로 하고, VR기술은 VR에 맞는 흥미로운 스토리와 콘텐츠를 필요로 한다.

미디어와 콘텐츠는 분리될 수 없는 결합물이기에 혹자는 콘텐츠를 미디어콘텐츠라고 표현하기도 한다. 미디어는 콘텐츠를 표현하고 실현하는 최종 창구다. 어떤 미디어를 통해 콘텐츠를 접하고 전달하는가도 매우 중요하다. 내용만 중요하고 형식은 중요하지 않다고 생각해서는 안 된다는 것이다.[125]

미디어가 단순히 전달하는 도구, 채널 역할만 하는 것이 아니라 어떤 미디어인가에 따라 전달되는 메시지의 효과가 달라진다. 문명비평가 마셜 맥루언이 "미디어는 메시지(The Medium is the Message)"라고 말했던 것은 바로 이 때문이다.

다음은 미디어에 담기는 콘텐츠에 대해 생각해보자. 콘텐츠를 제대로 사용하려면 콘텐츠의 속성을 알아야 한다.

첫 번째, 콘텐츠는 공공재적 속성이 강하다. 공공재(Public

---

125 최연구 지음, 《문화콘텐츠란 무엇인가》, 살림출판사, 2006년, 41~45쪽

goods)란 모든 사람들이 공동으로 이용할 수 있는 재화나 서비스를 말한다. 돈을 주고 구매해야 하는 상품으로서의 콘텐츠도 있지만 대부분의 콘텐츠는 문화적, 역사적 특성을 띠고 있으며, 생산에 소요되는 비용이 소비량과는 독립적이라는 속성이 강하다. 일반적으로 공공재는 비경합성(non-rivalry)과 비배제성(non-exclusiveness)의 속성을 갖는데, 콘텐츠도 그러하다.

비경합성이란 어떤 한 사람이 사용하고 있다고 해서 다른 사람이 사용하지 못하게 되는 것이 아닌 성질을 의미한다. 즉, 다른 사람의 소비로 인해 나의 소비가 지장을 받거나 효용이 감소하지 않으며 여러 사람이 함께 사용해도 경합하지 않는다는 것이다. 가령 드라마 〈도깨비〉를 내가 본다고 해서 다른 사람이 볼 수 없는 것은 아니며, 함께 보면서 즐길 수도 있다.

비배제성은 콘텐츠를 소비함에 있어서 어떠어떠한 이유로 특정 사람들을 소비에서 제외하거나 배제할 수 없는 특성을 말한다. 특정 콘텐츠의 생산과 공급이 일단 이루어지고 나면 생산비를 부담하지 않은 경제주체라 할지라도 사용에서 배제할 수 없다. 교육세를 내지 않은 사람도 그 자녀를 초등학교에 보낼 수 있고 사용료를 내지 않아도 공중파 방송을 볼 수 있는 경우 등을 예로 들 수 있다. 물론 사용료를 내야만 하는 유료 케이블 방송, 영화 등은 비배제성이 없는 콘텐츠다.

두 번째, 콘텐츠는 경험재적 속성이 강하다. 경험하기 전에는 그 가치를 알기 어렵다는 것이다. 일부러 시간을 내서 책을 읽고 드라마를 봐야 재미를 느낄 수 있고, 음반도 직접 들어봐야 진가를 감상할 수 있다. 콘텐츠는 인간의 오감을 활용하게 한다. 즉, 콘텐츠 소비는 경험을 통해 이루어진다. 문화콘텐츠산업을 경험경제라고 부르는 이유다.

세 번째, 콘텐츠는 창구효과(windows effect)가 크고 원소스 멀티유스(OSMU)의 특성이 강하다는 것이다. 이 역시 문화콘텐츠산업에서 두드러진다. 문화콘텐츠산업은 산업 간 연관효과가 커서 원형 콘텐츠만 잘 만들면 낮은 한계비용으로 2차, 3차 콘텐츠를 만들 수 있다. 조앤 롤링이 쓴 《해리포터》 시리즈는 베스트셀러 책에서 그치지 않고 영화로도 만들어지고, 캐릭터 산업으로 확대돼 엄청난 부가가치를 창출했다.

그 밖에도 콘텐츠의 질은 소비량과 무관하다는 등의 속성을 들 수 있다. 보통 상품의 질이 좋아야 소비량이 늘어나지만 콘텐츠는 반드시 그렇지는 않다. 예술적인 콘텐츠는 질적으로는 뛰어나지만 소비자들이 이해하기 힘들어 소비량이 적을 수 있고, 선정적인 드라마나 막장 드라마는 욕을 하면서도 시청률이 높게 나올 수 있다.

지난 문재인 정부 때 문화체육관광부는 최근 5년간 연평균

4.9% 성장률을 기록하고, 작년 매출액 100조 원을 달성한 콘텐츠산업의 잠재적 성장 가능성에 주목하면서 '콘텐츠산업 중장기 정책비전'을 발표했다. '사람이 있는 콘텐츠, 함께 성장하는 산업'이라는 비전 아래 기본방향과 추진과제를 설정하고 2022년까지 매출 10억 원 이상 기업수 1만 개, 콘텐츠산업 연평균 성장률 6%, 지역 콘텐츠산업 매출 비중 45% 등의 계량적인 목표치를 제시했다.[126]

콘텐츠산업이 미래 성장 가능성이 큰 것은 분명하다. 콘텐츠를 국가적 성장과 발전의 엔진으로 삼는 '콘텐츠노믹스'가 필요한 시점이다. 하지만 콘텐츠의 산업적 측면만 고려해서는 안 되며, 또한 콘텐츠산업의 계량지표에 머물러서도 안 된다. 콘텐츠가 얼마 정도의 산업적 부가가치를 창출하느냐, 시장 규모가 어느 정도이고 얼마나 수출하고 있느냐 등 계량적 수치만을 따져서는 안 된다는 것이다. 수치나 계량지표는 콘텐츠의 경제적 가치를 객관적으로 보여줄 수는 있다. 하지만 수치가 보여주는 것은 제한적이다. 더 중요한 것은 콘텐츠의 비경제적 가치다. 이는 문화경제학의 태두인 데이비드 스로스비(David Throsby)가 이야기했던 문화적 가치와도 일맥상통한다. 가령 예술작품을 얼

---

126 '문체부, 100조 콘텐츠산업… 사람 중심 공정생태계 구축', 뉴시스, 2017년 12월 13일

마짜리라는 식으로 경제적 가치로만 따져서는 안 된다는 것이다. 예술품은 미학적 가치, 정신적 가치, 사회적 가치, 역사적 가치, 상징적 가치, 진품 가치 등 가격으로 매길 수 없는 다양한 문화적 가치를 갖고 있기 때문이다.[127]

콘텐츠 역시 시장가격으로 매기는 경제적 가치 외에 문화적 가치를 갖고 있다. 문화콘텐츠가 풍부한 나라는 국가 브랜드 가치도 높고 다른 나라 사람들의 부러움을 산다. 이런 나라의 상품은 국가 브랜드 효과로 인해 시장가격 이상으로 평가된다.

프랑스나 이탈리아, 스페인 등 전통 있는 유럽 국가들에 관광객이 몰리는 것은 관광 코스가 잘 개발돼 있고 관광 상품의 가성비가 좋다는 이유 때문만은 아니다. 이들 국가의 문화적 이미지, 고급스런 국가 브랜드 가치, 오랜 전통, 풍부한 역사문화콘텐츠 등이 관광산업에서 한몫을 하고 있다. 그런 역할을 하는 보이지 않는 가치의 원천이 바로 콘텐츠다.

15세기 지리상의 대발견 시대에 금맥을 찾는 것이 최고의 기회였다면, 21세기 문화의 시대에는 창의적인 콘텐츠를 발굴하고 개발하는 것이 새로운 엘도라도가 될 수 있다. 양질의 콘텐츠를 많이 가진 나라는 콘텐츠산업 대국, 문화 선진국이 될 수

---

127 데이비드 스로스비 지음, 성제환 옮김, 《문화경제학》, 한울아카데미, 2004년, 18~19쪽

있다.

콘텐츠는 다면적인 가치를 갖고 있다. 산업적으로 국민 경제에 기여하는 것도 중요하겠지만 그보다는 역사문화적인 자산이 될 수 있고, 인문학적 가치도 함께 갖고 있다는 점에 주목해야 한다. 요컨대 한 나라의 무형의 콘텐츠는 그 나라 '소프트 파워(soft power)'의 핵심이라고 할 수 있다. 21세기에는 콘텐츠가 곧 국력이자 경쟁력이다.

콘텐츠 혁명과
일자리의 미래

　지금 우리가 겪고 있는 4차 산업혁명은 기술지형, 산업구조, 일자리는 물론이고 일상의 생활 문화 전반까지 바꿔 놓을 것이다. 특히 신종 코로나바이러스 감염증 확산으로 디지털 전환이 가속화되면서 4차 산업혁명은 더 빠른 속도로 진행되고 있다.

　사물인터넷, 드론, VR·AR, 블록체인, 인공지능, 로보틱스 등 첨단기술에 대해 혹자는 산업구조의 근본적 변화를 이야기하고, 혹자는 일자리의 위기를 예고하고 있다. 미래학자들도 현존하는 일자리의 대부분은 미래에는 사라질 것이며, 새롭게 생겨나는 일자리보다 사라지는 일자리가 더 많을 것이라고 예측하고 있다.

　증기기관 발명으로 시작된 산업혁명의 역사는 기술 혁신이 만들어낸 역사라고 해도 과언이 아니다. 현생인류 20만 년의 역사에서 산업혁명 역사는 기껏해야 250년으로 800분의 1 정도에 불과하지만 우리가 일상에서 사용하는 대부분의 기술들은 산업혁명 이후에 나타났다.

1차 산업혁명은 기계가 인간 노동을 대체하기 시작한 기계 생산의 시작이었고, 2차 산업혁명은 제조업에서의 대량 생산시대를 열었으며, 3차 산업혁명은 컴퓨터에 의한 자동화라는 새로운 국면을 열었다. 이제 4차 산업혁명은 초지능, 초연결을 기반으로 사이버, 물리, 바이오가 연계·융합되는 전혀 새로운 세상을 예고하고 있다.

인공지능 로봇이 사람의 일자리 중 상당 부분을 대체하게 되고 로봇과 인간이 공존할 것이며, 사물인터넷으로 모든 사물이 사람의 개입 없이도 연결돼 데이터를 주고받고 스마트 도시에서는 무인자동차가 다니게 될 것이다. 이러한 미래 청사진들은 대부분 첨단 테크놀로지에 주목하고 있어서 정작 중요한 뭔가가 빠진 것 같은 공허함을 안겨준다.

기술발전이나 신기술은 그 자체로 의미가 있는 것이 아니라 그것이 인간의 삶 속으로 들어와 삶을 변화시켜야만 비로소 의미를 가질 수 있다. 타자기에서 전동타자기로, 다시 컴퓨터로 기술이 진화해 온 것은 단순한 기술진보가 아니라 사람들이 일하는 방식, 소통하는 방식, 그리고 살아가는 방식이 바뀌었음을 의미한다. 결국 기술변화가 사회적으로 수용돼 문화변화를 일으킬 때 기술은 문명사적 의의를 갖게 된다는 것이다.

4차 산업혁명은 외형적으로는 인공지능, 블록체인 등 첨단기술을 통해 진행되는 것처럼 보이지만 내면을 들여다보면 삶과 문화의 변화다. 궁극적으로 4차 산업혁명이 변화시키는 것은 물질세계와 가치중립적 기술이 아니라 가치와 인식, 사회문화다. 기술 자체가 아니라 문화에 더 주목해야 하는 이유다.

기술문명이 고도로 발달하면 사회가 테크놀로지 중심으로 재편되고 인간이 기술에 의존하게 될 가능성이 점점 높아진다. 하지만 좀 다른 관점에서 본다면 4차 산업혁명이 가속화되고 기술문명이 발전할수록 콘텐츠나 문화예술은 더 많은 기회를 갖게 될 것이다. 왜 그럴까.

첫째, 문화예술은 창의성, 감성의 영역이라 4차 산업혁명으로 인한 자동화의 위험이 상대적으로 적기 때문이다. 직업세계의 변화 예측을 보더라도 전문가들이 인공지능이나 기계로 대체될 위험이 적고 미래에 유망할 것으로 꼽는 직업은 화가 및 조각가, 사진작가, 지휘자 및 연주자, 만화가, 가수, 패션디자이너 등 문화예술 관련 분야이거나 창의성, 감성, 사회적 소통과 협력 등을 필요로 하는 일자리다.

둘째, 기술문명이 발전하면 인간은 변화로 인한 문화의 충격을 겪게 되고, 인간 자신을 돌아보게 되므로 인간적 영역인 문화에 더 큰 관심을 갖게 된다.

셋째, 4차 산업혁명은 특정 기술이 이끄는 변화가 아니라 여러 첨단기술들이 융합돼 변화를 일으키는 혁신적 변화이며, 여기에서 나타나는 변화의 트렌드는 창의융합이다. 문화콘텐츠는 콘텐츠와 기술, 문화와 기술, 하드와 소프트의 융합으로 이루어지므로 가장 창의적이고 융합적인 영역이다. 첨단기술이 발전하면 이 기술을 활용한 문화콘텐츠 또한 새로운 수요를 창출할 것이다.

넷째, 자동화, 기계화와 함께 인간의 노동시간이 줄어들고 여가시간이 늘어나면 문화콘텐츠 소비 또한 늘어날 것이다. 가령 자율주행 자동차의 예를 들어보자. 사람이 운전하지 않아도 되는 자율주행 자동차가 상용화되면 차 안에서 사람이 할 수 있는 일은 아마 영화, 게임, 영상 등 콘텐츠의 소비가 될 것이므로 콘텐츠의 수요는 늘어날 수밖에 없다. 여가시간의 증가는 곧 콘텐츠 수요의 증가를 뜻한다.

4차 산업혁명은 문화 관점에서 보면 콘텐츠 혁명이 될 것이다. 디지털 빅데이터, 인공지능 기반으로 만들어지는 콘텐츠는 기존의 아날로그 콘텐츠와는 양적, 질적으로 차원이 다를 것이며, VR·AR로 만들어지는 콘텐츠는 사용자 경험의 신세계를 맛보게 해줄 것이다. 코로나19 팬데믹 이후에는 비대면 문화콘텐츠들도 폭발적으로 늘어나고 있다.

4차 산업혁명 시대는 콘텐츠가 부가가치의 원천이 되는 콘텐츠노믹스 시대이자 재미있는 스토리, 독창적인 아이디어, 정교한 알고리즘, 창의적인 소프트웨어 등 문화콘텐츠가 성장엔진이 되는 소프트 파워 시대다.

전통적 인쇄매체인 신문에 종사하는 사람들은 좋은 신문을 만들기 위해서는 윤전기와 기자, 둘만 있으면 된다고 말한다. 윤전기는 기계나 기술을 가리키고 기자는 기사를 생성하는 주체다. 뭐니뭐니 해도 저널리즘의 주체는 기자다.

콘텐츠 제작도 마찬가지다. 콘텐츠기술, 문화기술 등 테크놀로지가 중요하지만 본질적인 것은 콘텐츠 창작자다. 아무리 첨단기술과 최신 사양의 도구를 갖추고 있어도 결국 콘텐츠의 질을 좌우하는 것은 사람이기 때문이다.

4차 산업혁명 시대의 콘텐츠 혁명을 이끄는 것은 기술이 아니라 사람이다. 항상 사람이 먼저고 창의적 인재를 길러내는 것이 우선이다. 첨단기술도 사람이 만드는 것이고 기발한 콘텐츠도 사람이 만든다.

창의도시에는 기술(Technology), 인재(Talent), 관용(Tolerance) 등 3T가 중요하다. 창조적인 도시에는 예외 없이 하이테크 기술이 모이고 창의인재들이 몰려들고 또한 다름을 인정하며 공존하는 톨레랑스의 문화가 있다. 첨단기술과 다양성의 문화를 바탕으로 창의적인 결과물을 만들어내는 것은 다름 아닌 창의인재다.

리처드 플로리다는 '산업화 시대의 주역이 부르주아 계급이었다면 21세기의 주역은 창조계급'이라고 주장했다. 그는 창조계급의 핵심으로 컴퓨터와 수학 관련 직업, 건축과 공학 관련 직업, 생명과학, 물리, 사회과학 관련 직업, 교육·훈련 관련 직업, 미술·디자인·연예·오락·스포츠·미디어 관련 직업 등을 꼽았다.

미래변화를 주도하는 창조계급에 속하는 직업은 미래학자들이 기계화, 자동화에도 불구하고 유망한 직업군으로 꼽는 직업과 대부분 일치한다. 요컨대 미래에 유망한 일자리는 고도의 전문성, 판단력, 직관력과 감성, 창의성을 필요로 하는 직업들이라고 할 수 있다. 이런 직업변화의 전망이라는 관점에서 보면 미래인재상과 인재양성을 위한 교육방법론에도 큰 변화가 필요할 것으로 보인다.

뇌과학자인 카이스트 김대식 교수는 미래변화에도 불구하고 사라지지 않을 직업은 사회의 중요한 판단을 하는 직업군, 인간의 심리·감성과 관련된 직업군, 새로운 가치를 창출하는 직업군 등 세 가지 카테고리일 것이라 예측한다. 이 세 카테고리의 직업군은 플로리다 교수가 열거한 창조계급의 리스트에 포함된다.

창조계급은 창의성, 감성, 영감을 기반으로 창의적인 활동을 하는 직업군이다. 지식보다는 지혜, 숙련된 훈련보다는 다양한 경험을 필요로 하므로 창조계급의 인재들을 양성하는 교육방식도 당연히 달라져야 할 것이다.

미래인재는 한 가지 분야의 전문성으로는 부족하며 자신의 전문성은 기본이고 다른 분야에 대한 폭넓은 관심과 협업·소통·융합능력을 가져야 한다. 기초소양, 역량 및 성격적 특성을 골고루 갖춘 창의융합형 인재들이 4차 산업혁명이 요구하는 창조계급이다.

창의적 콘텐츠를 만드는 창조계급은 기존과 같은 선행학습이나 반복학습으로 길러지는 모범생이 아니라 다르게 생각하고 다른 것을 만들어내는 괴짜들이다. 말콤 글래드웰이 이야기한 이른바 '아웃라이어'들이 창조계급이 될 가능성이 높다.

창조계급을 길러내기 위해서는 전통적 교육 시스템의 파괴적 혁신이 필요하다. 잠재력을 발굴하고 비범한 아이디어를 장려하는 방식의 교육으로 변화해야 하며, 사회적으로도 줄 세우기식 경쟁이 아니라 협업하고 소통하는 문화를 확산해야 한다. 또한 실패를 용인하고 도전을 장려하는 사회 분위기 조성도 필요하다.

　국가경쟁력의 핵심은 결국 첨단과학기술 연구개발과 창의인재 양성 두 가지다. 첨단과학기술 개발 역시 사람이 하는 일이기에 창의인재 양성의 중요성은 아무리 강조해도 지나치지 않다. 콘텐츠산업을 진흥하고 창의적 콘텐츠를 발굴·개발하는 정책은 시대변화를 이끌어갈 창의인력의 전주기적 양성 시스템 구축과 함께 추진돼야 한다.

미래자본과
미래기업

유형자산보다 무형의 문화가치가 중요해짐에 따라 미래자본은 우리에게 새로운 모습으로 나타날 것이다. 전통적 관점은 토지나 노동, 자본축적을 자본의 기본요소로 보았다. 그 후 산업사회가 발전하면서 금융자본이나 인적 자본이 새로운 자본으로 자리 잡았다. 하지만 미래자본은 여기에서 그치지 않을 것이다. 전혀 생각지도 못한 무형의 가치가 미래자본으로 부상할 수 있다.

예전에 과학기술정책연구원(STEPI)은 '미래연구포럼'이라는 형태로 전문가들 중심의 정책연구를 통해 미래자본에 대한 연구를 수행한 적이 있다. 미래자본은 미래 변화의 원동력이기 때문에 자본 개념이 어떻게 변하고 어떻게 확대될 것인가에 대한 연구가 미래사회 변화 연구에 있어서 중요하다는 인식에서였다. 미래자본에 대한 연구 성과를 모아 〈과학기술기반의 국가 발전 미래연구〉라는 제목의 보고서를 발간하기도 했다. 이 연구에서는 선진국 도약을 위해 과학기술 분야 전반에서 요구되는 핵심요소인 창의, 융합 및 녹색자본에 대한 개념을 밝히고, 이를 미래자본으로 발전시키기 위한 전략과제를 분석했다. 그 개요를 정리하면 다음과 같다.[128]

미래자본의 유형은 기술자본주의(techno-capitalism)적 관점, 생태자본론(eco-capitalism)적 관점, 사회자본론(social capitalism)적 관점 등 세 가지 관점으로 나눠 볼 수 있다. 기술자본주의적 관점의 미래자본은 지식경제에서 중요한 무형자산을 생산하는 요소인 창의, 혁신 또는 융합이다. 리처드 플로리다의 창의자본을 원용하면서 인적 자본의 한 유형인 창의적인 사람들을 경제성장의 핵심으로 보고, 창의적 사람들이 많이 모이는 지역의 특성을 규정하는 근본요인, 즉 3T(Technology, Talent, Tolerance)가 중요하다고 강조한다. 생태자본론적 관점의 미래자본으로는 자연자본(natural capital)과 녹색자본(green capital) 등을 들 수 있다. 사회자본론적 미래자본은 인적 자본의 숨겨진 가능성과 가치 창조능력을 발현시키고 사회 전체의 경제적 거래와 활동을 촉

---

128 송종국 외, 〈과학기술기반의 국가발전 미래연구〉, 과학기술정책연구원, 2009년 12월

진시키는 통합, 신뢰, 네트워크 등이다.

분명한 것은 미래자본에서는 유형자본보다는 무형자본이 중요해지고 경제자본에서 문화자본으로, 경제적 가치에서 문화적 가치로 무게 중심이 이동할 것이라는 점이다. 경제자본이 노동집약적이라면 문화자본은 지식집약적이며, 문화적 가치는 경제적 가치보다 오히려 부가가치가 크다. 미래자본은 다양한 형태로 확대될 것이다. 자본의 모습은 상상력을 통해 새롭게 만들어질 것이며, 창의적인 생각의 깊이에 따라 미래자본의 범위도 넓어질 것이다. 남보다, 다른 기업보다, 다른 나라보다 경쟁력이 있는 모든 것이 미래자본이 될 수 있다. 개인의 창의성은 물론이고 조직의 협업지성(collective intelligence), 창의적 업무환경, 팀워크, 책임의식, 미래에 대한 통찰력, 직관, 상상력 등 경쟁력을 높일 수 있는 것은 모두 자본이 될 수 있다. 심지어 시간도 자본이 될 수 있어 시산(時産 : 시간재산)이라는 말도 사용된다.[129]

학교 교육 현장에서는 '창의인성 교육'을 강조하는데 이는 창의성과 인성, 두 마리의 토끼를 다 잡겠다는 것이다. 미래인재에게 창의성이 중요하지만 창의인재만으로는 부족하고 인성도

이동원 외, 〈사회적 자본 확충을 위한 정책과제〉, CEO Information 제722호(2009년 9월), 1쪽 재인용, 원출처 : World Bank, 〈Where Is the Wealth of Nations?〉, Washington DC., 2006

훌륭해야 한다는 것이다. 착하고 좋은 품성을 지녀야 조직생활도 원만히 하고 사회적 책임도 다할 수 있기 때문이다.

특히 과학기술 영역에서는 창의성과 인성이 더더욱 필요하다. 우주선, 원자폭탄을 만드는 것은 창의성을 가진 천재 과학자인데 이들이 사회적 책임의식이나 인성, 도덕성, 가치관이 없다면 과학기술이 잘못된 방향으로 사용될 수 있기 때문이다.

기업인도 마찬가지다. 창의성과 탁월한 능력을 갖춘 기업인은 많은 수익을 올릴 수 있지만, 인성이 부족하면 부조리나 비리를 저지를 수 있다. 기업의 사회적 책임(CSR : Corporate Social Responsibility)이나 윤리경영이 요구되는 것은 바로 이 때문이다. 이제 CSR은 고등학교 사회 교과서에도 나온다. 해당 부분을 살펴보자.

"오늘날 기업의 사회 공헌 사업은 기업 경영의 부수적 측면이 아니라 기업이 가져야 하는 사회적 책임이며, 기업 본연의 활동 가운데 하나로 자리잡았다. 이러한 사회적 분위기 속에서 기업은 다양한 사회 공헌 사업을 실천하고 있으며, 이제 기업의 사회 공헌 사업을 통한 사회적 책임의 실현은 선택이 아닌 필수 사항이 되고 있다.[130]"

---

130 미래엔, 고등학교 사회 교과서, 2013년, 75쪽

미래에는 한 분야의 전문지식만 갖고 깊게 한 우물만 파는 인재보다는 다른 분야와 협업하며 경계를 넘나드는 융합적 소양을 지닌 인재가 필요하다. 한 분야만 잘하는 I자형 인재보다는 자신의 전문 영역을 가지면서도 폭넓은 관심과 지식을 갖춘 T자형 인재가 필요한 것이다. 2015년 글로벌 인재포럼에 참석한 존 섹스턴 뉴욕대학교 총장은 〈한국경제신문〉과의 인터뷰에서 T자형 인재를 강조했다.

> "T자형 인재는 한정된 분야에서 전문지식을 갖고 있는 I자형 인재와 달리 여러 분야에 걸친 관심과 지식을 갖고 있고, 그 지식의 깊이도 상당한 사람을 말합니다. 하나 이상의 분야에서 전문지식을 갖고 있으면서 다른 분야에 대한 관심도 크기 때문에 T자형 인재끼리의 협력을 통해 새로운 시너지를 창출할 수 있습니다. 21세기를 살고 있는 우리에게 필요한 인재상은 다른 문화적, 종교적 배경을 모두 아우를 수 있는 인재입니다. 지식과 이해력, 경험을 갖고 있는 것은 물론 포용력까지 지닌 사람이 T자형 인재입니다. 세상을 바꿀 수 있는 아이디어는 상업적 또는 실용적 목적이 아니라 순수한 연구나 고민을 통해 나오는 경우가 많습니다. T자형 인재는 이런 아이디어를 떠올리고 실행에 옮길 수 있는 사람들입니다.[131]"

---

[131] 한국경제신문, 2015년 9월 23일

경계를 넘나들고 폭넓은 관심을 가진 T자형 인재도 자신의 전문 분야는 있어야 한다. 전문성 없이 박학다식한 것만으로는 훌륭한 인재가 될 수 없다. 요즘은 한 분야의 전문성과 융합능력을 가진 T자형 인재를 넘어 두 분야의 전문성을 가지고 폭넓은 관심을 가진 M자형 인재 또는 π자형 인재를 이야기하는 사람들도 있다.

한편 미래자본이 변화하듯 미래기업도 오늘날과는 달라질 것이다. 프랑스의 미래학자 자크 아탈리는 지난 세기말 1998년에 발표한 저작 《21세기 사전》에서 기업에 대해 다음과 같이 서술하고 있다.

"부와 혁신을 생산하는 조직. 미래에는 불안함, 이동성, 유목의 성격을 지니며 하나의 극단처럼 능력 있는 자들의 일시적인 모임이 될 것이다. 기업은 긴급함, 도전, 소멸이 공포 속에서 존재할 것이다. 일반적으로 규모가 축소되고 유동화되면서 동시에 다국적화될 것이다. (……) 업무 혹은 주주제도가 아니라 노하우가 기업의 특성이 될 것이다. 특허, 상표, 직원과 동업자의 능력이 기업의 주요자산이다. 자사 고용인, 소비자, 투자자, 시민 전체에 대해 기업은 의무를 느낄 것이다. (……) 앞으로 자본은 지식인에게 주어질 여러 수단 가운데 하나에 불과하며 자본을 소유한 사람이 권력을 잡는 시대는 이제 사라질 것이다. 지식 기업체에서는 자치경영이 일반화될 것이다.[132]"

미래기업이 어떻게 변화할지 정확히 예측할 수 없지만 적어도 이것만은 분명하다. 기업문화, 변화에 대한 적응능력, 기업가치나 브랜드 등이 점점 중요해질 것이라는 점이다.

아탈리는 19세기 말 다우존스 지수 계산에 포함된 기업 중 20세기 말에도 여전히 존재하는 기업은 제너럴 일렉트릭뿐이라고 말하며 오늘날 지수 계산에 포함된 기업 중 다음 21세기를 넘길 기업은 거의 없을 것이라고 내다봤다.

대기업이 미래에도 살아남으려면 전 세계 소비자가 쉽고 친근하게 인지할 수 있는 미래비전이 담긴 브랜드를 제공해야 한다. 가령 디즈니는 황홀함, 애플은 사용의 편리함, 소니는 이동성, 나이키와 아디다스는 추월, 루이비통과 에르메스는 화려함, 베네통과 코카콜라는 기분 좋음, 다농은 순수함, 캘빈클라인과 이브생로랑은 아름다움을 떠올리게 해야 한다는 것이다.[133]

---

132   자크 아탈리 지음, 편혜원·정혜원 옮김, 《21세기 사전》, 중앙M&B, 2000년, 62쪽
133   자크 아탈리 지음, 편혜원·정혜원 옮김, 《21세기 사전》, 중앙M&B, 2000년, 62~63쪽

미래예측과
미래사회의 변화 방향[134]

알파고 쇼크 이후 미래에 대한 관심이 부쩍 많아졌다. 인공지능으로 인해 현재 직업의 대부분이 가까운 미래에 사라질 것이라는 암울한 전망 때문인지도 모르겠다. 전 지구적으로 제조업이 한계에 부닥치면서 위기를 극복하기 위한 근본적 혁신이 필요하다는 주장이 속속 나오고 있다. 2016년 1월에 열린 스위스 다보스포럼의 주제는 '4차 산업혁명'이었다. 인간사회가 성장 변곡점에 도달했다는 위기감에서이다.

다보스포럼은 4차 산업혁명을 주도하는 기술로 인공지능, 메카트로닉스, 사물인터넷(IoT), 3D프린팅, 나노기술, 바이오기술, 신소재기술, 에너지저장기술, 퀀텀컴퓨팅 등을 지목했다. 또한

---

134 미래예측, 미래학에 대해서는 《미래를 예측하는 힘》(최연구 지음, 살림, 2009년)을 참조했다.

그 기반 위에서 펼쳐질 물리세계, 디지털세계, 바이오세계의 융합을 4차 산업혁명의 본질로 규정했다.

정체가 불분명한 이런 변화를 4차 산업혁명으로 규정한 이유는 첫째, 1차에서 3차까지의 산업혁명이 그러했듯 4차 산업혁명은 산업사회의 진화방향 자체를 크게 바꿀 거라는 점, 둘째는 4차 산업혁명의 타깃이 인간을 보조하는 데 그치지 않고 인간의 몸과 두뇌를 직접 겨냥하고 있다는 점, 셋째는 그 파급효과가 우리의 상상을 초월할 거라는 점 때문이다.[135]

하루가 다르게 빠르게 변화하는 시대는 미래에 대한 관심을 증폭시키고 있다. 미래예측이나 미래연구는 변화의 추이에 근거한 단순예측이나 운명론 형태가 아니라 바람직한 미래에 대한 희원을 담는 경우가 많다. 미래를 수동적으로 맞이하기보다 능동적으로 창조하겠다는 관점이다.

과거는 현재를 낳고 현재는 미래를 낳는데, 이런 일련의 과정이 바로 역사다. 과거를 깊이 살펴보면 현재를 더 잘 이해할 수 있고, 과거부터 현재까지의 추이를 분석해보면 미래 방향을 어느 정도 가늠할 수 있다.

미래예측의 중요성은 역사적 사례에서도 확인할 수 있다. 로

---

135 장석권, '미지의 영역 4차 산업혁명, 팔로워는 이길 수 없다', 월간 《테크엠》, 2016년 5
월호

열더치셸의 미래예측가 피터 슈워츠는 누구도 예상치 못한 소련의 몰락을 예측해 일거에 정유업계를 장악했다.

한편 미국의 웨스턴유니온은 미래예측에 실패한 기업이다. 그레이엄 벨은 당시 세계 최고 통신회사 웨스턴유니온을 찾아가 자신이 발명한 음성전화기술의 특허를 10만 달러에 살 것을 제안했지만 웨스턴유니온의 사장은 "그 장난감을 갖고 우리가 할 수 있는 게 도대체 뭐요?"라고 하며 거절했다는 것이다.

결국 벨은 다른 투자자와 함께 1877년에 직접 벨 전화회사(Bell Telephone Company)를 설립했다. 이 회사는 단번에 전화사업 주도권을 잡았고, 1885년 장거리전화 설비를 위한 자회사로 AT&T를 설립하면서 급성장했다. 1910년에는 주식 매입으로 웨스턴유니온의 경영권까지 확보했다. 웨스턴유니온 사례는 기술예측이나 미래예측이 기업 성패에 결정적 요인이 될 수 있음을 보여준다.

우리나라가 1997년에 겪었던 IMF 경제위기는 외환위기 징후와 실물경제의 취약함을 사전에 감지하지 못하고 위기를 예측하지 못해서 맞았던 국가 부도사태였다. 내로라하는 경제학자와 금융전문가, 정책결정자들이 있었지만 누구도 금융위기를 예측하지 못했다. 이는 우리 사회가 위기를 분석하고 미래를 예측하는 기능을 제대로 갖추지 못했음을 보여준다.

IBM, 엑슨모빌, 로열더치셸 등 굴지의 기업들은 이미 1970년 대부터 자사 내에 미래연구 및 예측을 담당하는 부서를 만들거나 미래예측가를 고문으로 초빙해 장기적 기업전략 수립을 맡겼다. 구미 기업들은 경영전략에 미래예측이나 미래학을 응용하고 있다. 우리나라 기업들은 아직 미래예측에는 취약하다.

해외의 경우는 트렌드 변화에 대한 보고서나 발표가 부지기수로 많이 나온다. 세계미래회의(World Future Society)나 유엔미래포럼 같은 미래연구 집단은 정기적으로 미래예측 결과를 발표하고 있다. 세계경제포럼(다보스포럼)에서는 글로벌 메가트렌드를 발표하고 있고, 《MIT 테크놀로지 리뷰》는 미래를 바꿀 10대 기술을 선정해 정기적으로 발표한다.

사회변화에 있어서 테크놀로지의 역할이 크므로 무엇보다 기술예측에 관심을 가지는 것이 중요하며 앞으로는 더 중요해질 것이다. 인공지능, 사물인터넷, 증강현실 등 기술변화를 이해하지 못하면 사회변화를 따라잡을 수 없다. 산업에서도 마찬가지다. 많은 경우 첨단 테크놀로지를 통해 문화상품이 개발되기 때문이다.

문화예술 분야에 특화해 전문적 미래트렌드 연구가 이루어지기도 한다. 문화체육관광부와 한국문화관광연구원은 문체부에서 발표하는 '문화예술 10대 트렌드'를 주제로 문화예술의 변화와 정책적 시사점을 모색하기 위해 2010년부터 매년 '미래문화포럼'을 개최해 왔다. 2015년 미래문화포럼에서는 '2015년 문화예술 10대 트렌드'와 함께 '2020년 문화예술 5대 메가트렌드'를 동시에 논의했다. 당시의 트렌드 예측을 다시 한 번 되짚어 보는 것은 앞으로 미래예측을 하는 데 도움이 될 것이다. 당시 발표했던 '2015년 문화예술 10대 트렌드'는 1) 우리와 그들의 경계가 민감해지다 2) 나의 공동체 찾기, 선택적 공유문화 확산 3) '3040'세대 1990년대 정서를 소환하다 4) 예술시장 침체 회복을 위한 쉽지 않은 안간힘 5) 청소년 삶의 질, 어른들의 몫이다 6) 연예인, TV 속 주인공의 자리를 내어주다 7) 문화예술시설의 안정성 8) 여가, 권리이자 의무로 정착 9) 융합형 인재를 찾습니다 10) 지역문화진흥, 다음 단계로 넘어가다 등이다. 또한 '2020년 문화예술 5대 메가트렌드'는 1) 잘 놀고 잘 쓰는 법을 코치받다 2) O2O(Online to Offline)문화, 라이프 스타일을 주도하다 3) 융합과 협업으로 예술생태계 회복을 꾀하다 4) 집단지성, 사회 속 영향력을 높이다 5) 문화다양성, 우리 문화 지형도를 재편하다 등이었다.[136]

　문화산업이나 문화경영을 위해서는 늘 최신 보고서나 예측을

---

136 뉴스1 온라인판, 2015년 11월 5일

통해 문화예술 트렌드를 숙지하고 면밀하게 분석할 필요가 있다. 아는 만큼 보이기 때문이다.

미래연구는 '가능한 미래'에 대한 분석에서 그치는 것이 아니라 '바람직한 미래'를 창조하는 전략연구로 이어지는 것이 바람직하다. 특히 기업에게 미래연구는 신상품 개발이나 시장대응 전략과도 직결된다.

상품의 유행 현상과 소비자 심리를 연구한 상품경제학자 에버렛 로저스(Everett M. Rogers)는 사람이나 조직을 이노베이터, 얼리어답터, 전기수용자, 후기수용자, 지각수용자 등 다섯 유형으로 분류한다. 첫 번째는 '이노베이터(Innovator : 도전자, 혁신가)'인데, 전체의 2.5% 정도고 항상 새로운 것에 도전하고 독창적인 것을 즐기는, 개성이 강한 사람들이다. 두 번째는 '얼리어답터(Early-Adopter : 초기채용자, 선각자)'로 전체의 13.5%고 오피니언 리더에 해당하며 누구보다 빨리 정보를 수집하고 이노베이터를 관찰해 트렌드 변화에 민감하게 대응하는 사람들이다. 다음은 다수수용자(Follower)인데, 약 68%의 대중들을 말한다. 이 중 34%인 절반은 '전기 다수수용자'로 뒤처지지 않기 위해 눈치를 보면서 유행을 수용하는 그룹이다. 나머지 절반은 '후기 다수수용자'로 변화에 둔감하지만 변화 보급률이 50%가 넘으면 새로운 것을 뒤늦게 수용하는 그룹이다. 마지막 다섯 번째 그룹은

'지각수용자(Leggard : 전통주의자)'로 전체의 16% 정도다. 그들은 변화에 둔감하다기보다는 무관심한 편이고 신기한 것을 경멸하고 전통을 지키고 있다고 확신하는 사람들이다. 이 중 사회를 변화시키고 트렌드를 이끌어가는 것은 이노베이터와 얼리어답터들이다.[137]

기업도 마찬가지다. 이노베이터, 얼리어답터 기업이 있고 트렌드에 수동적으로 따라다니는 기업도 있으며, 변화에 무관심해 위기를 맞는 지각기업이 있다. 선택은 본인의 몫이며 결과에 대한 책임도 자신이 져야 한다.

---

137 구사카 기민토 지음, 길영로·현경택 옮김, 《미래를 읽는 사람, 못 읽는 사람》, 새로운제안, 2002년, 22~32쪽

미래사회는
서비스 사회

　미래사회는 물건, 재화보다는 서비스가 중요해지는 서비스 사회가 될 것이다. 인간은 사회적 동물인데, 인간의 사회적 관계를 들여다보면 서비스로 얽혀 있다. 우리의 일과는 온통 서비스로 이루어져 있고, 사람들의 사회적 활동은 서비스를 주고받는 것이다.

　가령 한 회사원의 하루를 살펴보면 새벽에 신문을 읽고, 부인이 해준 아침밥을 먹고, 마을버스와 지하철을 타고 출근하고, 회사에서 화장실을 가고, 점심식사를 하러 식당에 가고, 오후에 병원에 들러 약을 짓고, 고객과 통화하고 업무를 위해 인터넷을 검색하는 등 행위로 구성된다. 이 모든 행동은 결국 신문배달 서비스, 부인의 가족식탁 서비스, 교통제공 서비스, 청소 서비스, 음식 서비스, 건강의료 서비스, 전문가기술 서비스 등을 이용하는 사회적 관계라는 것이다. 국회 미래연구원 2대 원장 김현곤 박사는 결국 미래사회 키워드의 공통적 특성은 행복을 위해 필요한 보다 나은 서비스를 지향한다는 점이고 그래서 '미래사회는 서비스 사회'라 결론짓는다.[138]

산업구조의 변화, 산업중심의 이동으로 서비스의 중요성은 점점 커질 것이다. 미국, 유럽 등 선진국에서는 이미 서비스산업이 산업의 중심을 차지하고 있다. 이를 반영하듯 서비스 사이언스(Service Science)라는 학문 분야도 생겨났다. 노동인구는 제조업에서 서비스업으로, 특히 지식 서비스업으로 이동하고 있다. 리처드 플로리다가 이야기한 창조계급의 대부분은 서비스업에 복무하고 있다.

OECD 국가의 서비스산업 비중 평균은 70%를 상회하고 있고, 서비스 인력 비중도 70%에 근접하고 있다. 이런 변화에 부응해 우리나라에서는 2008년 '서비스사이언스학회(초대회장 오명 총장)'가 발족되었다. 이 학회에 의하면 선진국에서는 서비스 사이언스를 본격적인 신학문으로 연구하고 있다고 한다.

《하버드 비즈니스 리뷰(Harvard Business Review)》는 2005년에 '도전적인 아이디어(breakthrough Idea)' 중 하나로 서비스 사이

---

138 김현곤 지음, 《모든 비즈니스는 서비스로 통한다》, 삼우반, 2010년, 17~21쪽

언스를 소개했고, 영국의 〈파이낸셜타임스(Financial Times)〉도 향후 20년을 주도할 새로운 학문 영역으로 서비스 사이언스를 언급했다.

서비스 사이언스는 그동안 산발적으로 논의되었던 서비스경영, 서비스마케팅, 서비스공학 등 분야를 포괄하여 종합적이고 과학적인 접근법으로 서비스의 본질을 발견하고 체계화시키며, 관련 분야를 발전시키려는 학문이다.[139] 서비스산업은 산업구조에서 더 큰 비중을 차지할 것이고 새로운 서비스의 개발은 기업 성패의 관건이 될 것이다. 고객에게 편안함과 편의를 제공하는 새로운 서비스는 무한히 개발될 수 있다.

김현곤 박사가 제시한 미래 서비스만 보더라도 자판기 서비스, 편의점 서비스, 휴대 서비스, 미니 서비스, 로봇 서비스, 인공지능 서비스, 자율 서비스, 청결 서비스, 시 서비스, 여백 서비스, 정성 서비스, 포장 서비스, 감성 서비스, 그린 서비스, 만화 서비스, 애니메이션 서비스, 캡슐호텔 서비스, 게임 서비스, 축제 서비스, 컬러 서비스, 변화 서비스, 렌털 서비스, 퀵 서비스, 즉석 서비스, 새벽 서비스, 애프터 서비스, 시간 서비스, 24×7 서비스, 산 자를 위한 장례 서비스, 배려 서비스, 평생 가는 선

---

139 (사)서비스사이언스학회 홈페이지(www.soss.or.kr) 참조

물 서비스, 커뮤니케이션 서비스, 가족 서비스, 긍정어 서비스, 보이지 않는 서비스, 경쟁자를 위한 서비스, 공헌 서비스, 할아버지 할머니 서비스, 글로벌 서비스, 투명 서비스, 개방 서비스, 재사용 서비스, 매뉴얼 서비스, 신구 융합 서비스, 어린이 자율 서비스, 끈기 서비스, 온리원 서비스, 의식주 서비스, 휴먼 서비스 등 무궁무진하다.[140]

우리의 상상력은 여기에서 그치지 않고 계속 새로운 서비스를 만들어내고 있다. 특히 코로나19 이후에는 언택트 소비, 비대면 쇼핑, 온라인 공연 등 다양한 방식의 비대면 서비스들이 새롭게 만들어지고 있다. 기업들은 상상력과 첨단기술을 접목한 기상천외한 서비스를 개발해 소비자들의 마음을 잡으려고 치열한 경쟁을 펼치고 있다.

140 김현곤 지음, 《모든 비즈니스는 서비스로 통한다》, 삼우반, 2010년

미래사회는
접속과 네트워크 사회

　미래사회는 접속과 네트워크를 기반으로 하는 사회가 될 것이다. 네트워크 사회라는 말은 사람과 사람이 그물망처럼 서로 연결되어 있음을 뜻한다. '인간(人間)'이란 말에 들어 있는 '사이 간(間)'은 사람과 사람 사이의 공간, 즉 관계를 의미한다.

　제러미 리프킨(Jeremy Rifkin)은 '산업시대는 소유의 시대였지만 이제 소유와 함께 시작된 자본주의의 여정은 끝났고 접속의 시대가 도래했다'고 주장한다. 리프킨은 얼핏 보기에 연관이 없어 보이는 현상들의 저변에 흐르는 조류를 날카롭게 파악하는 안목과 복잡한 변화를 명쾌한 개념으로 요약하는 뛰어난 능력을 가진 사회비평가다.

　기계적 세계관에 바탕을 둔 현대문명을 비판하고 에너지의 낭비가 가져올 재앙을 경고한 《엔트로피》, 첨단기술과 정보화

사회, 경영 혁신 등이 인간의 삶을 풍족하게 만드는 것이 아니라 일자리를 사라지게 만들 것이라고 경고한《노동의 종말》, 석유시대의 종말과 세계 경제의 미래를 다룬《수소 혁명》, 생명공학이 야기할 미래에 대해 성찰한《바이오테크 시대》, 개인의 자율성과 부의 축적이 핵심인 아메리칸 드림의 종말, 그리고 글로벌 세계에서 타인과의 관계 및 삶의 질을 추구하는 유러피언 드림의 도래를 예고한《유러피언 드림》등이 그의 대표작이다. 2000년에는《The Age of Access》라는 책을 냈는데 우리나라에서는 2001년에《소유의 종말》이란 제목으로 출간되었다.

> "시장은 네트워크에게 자리를 내주며 소유는 접속으로 바뀌는 추세다. 기업과 소비자는 판매자와 구매자로서 시장에서 재산을 교환하던 근대 경제의 기본 구도를 포기하기 시작했다. (……) 새로운 경제에서 재산을 장악한 공급자는 재산을 빌려주거나 사용료를 물린다. 또는 입장료, 가입비, 회비를 받고 단기간 사용할 수 있는 권리를 준다. 근대 경제의 중요한 특성이었던 판매자와 구매자의 재산 교환은 네트워크 관계로 이루어지는 서버와 클라이언트의 단기 접속으로 바뀐다.141"

---

141 제러미 리프킨 지음, 이희재 옮김, 《소유의 종말》, 민음사, 2001년, 11쪽

사람들은 소유에 따르는 비용과 책임을 부담스러워하기 때문에 항구적으로 소유하기보다 일시적으로 접속하면서 서비스를 향유하고 있다는 것이다. 접속은 일시적 권리다.

리프킨의 통찰력은 참으로 놀랍다. 그는 네트워크 사회의 본질을 꿰뚫는 혜안을 갖고 있다. 소유에 기반한 기존의 자본주의 체제는 이제 물건은 빌려 쓰고 접속을 통해 경험이나 감성을 돈으로 사고파는 경험경제로 이행하고 있다는 것이다. 리스산업, 인터넷, 이동통신, 회원권, 리조트산업 등은 모두 접속의 시대를 대표하는 산업들이다.

> "시장에서 네트워크로, 소유에서 접속으로 이동이 일어나고 물적 재산이 찬밥 대우를 받고 지적 재산이 부상하고 인간관계가 점점 상품화되면서, 재산의 교환이 경제의 일차 기능이었던 시대로부터 경험 자체가 완전한 상품으로 떠오르는 새로운 시대로 넘어가고 있다. (……) 재산 관계, 시장 교환, 물질 축적에 바탕을 둔 과거의 제도는 서서히 허물어지고, 문화가 가장 중요한 상품자원이 되고 시간과 관심이 가장 중요한 소유물이 되고 개개인의 삶이 궁극적으로는 하나의 시장이 되어버리는 시대가 도래하게 되었다.142"

---

142 제러미 리프킨 지음, 이희재 옮김, 《소유의 종말》, 민음사, 2001년, 19~20쪽

현대캐피탈의 리스 광고에서도 이런 변화의 흐름을 읽을 수 있다. 토크쇼의 전설, 래리 킹이 출연해 "차를 타려면 꼭 사야 할까?"라는 질문을 던지고는 거침없는 대화로 자동차 구매보다는 개인 리스가 유리하다는 결론을 유도하는 광고다. 그는 설득력 있는 논리로 'bye BUY, hello LEASE'라는 새로운 트렌드를 제시한다.

리스는 구매나 소유가 아니라 회원제로 접속하고 대여하거나 공유하는 새로운 방식이다. 물건의 사적 소유가 아니라 가치를 공유하는 새로운 경제를 우리는 '공유경제(Sharing Economy)'라 부른다. 공유경제도 네트워크를 기반으로 접속해 가치를 공유하는 방식이다.

접속과 네트워크 사회에서는 문화적 자원과 체험에 많이 접속하는 것이 물건이나 재산을 소유하는 것만큼 중요하다. 문화산업이나 경험경제는 자연스럽게 접속의 시대라는 환경과 잘 어우러진다. 많은 전문가들과 미래학자들은 디지털시대의 권력은 국가나 기업에서 개인에게로 넘어갈 것이라고 예견한다.

하지만 그냥 개인이 아니라 파워블로거, 파워트위터리안, 파워페이스북커 등 네트워크를 많이 가진 개인이다. 파워블로거의 포스팅 하나에 무명 식당은 일약 최고 맛집으로 등극하고, 갓 출시된 신상품의 매출이 급등하는 일도 비일비재하다. 생활

속 메시지가 수많은 대중들의 마음을 움직이기도 한다. 네트워크 권력자의 한마디 한마디는 뉴스거리가 되기도 하고 여론을 움직이기도 한다.

SNS에서의 평판은 새로운 형태의 권력의 원천이 되고 있다. 디지털시대의 네티즌들은 잘 조직화된 거대 정당의 당원보다 큰 힘을 갖는다. 네티즌 수사대들은 집단지성을 발휘해 제도권에서 밝히지 못한 숨은 진실을 밝혀내기도 하고, 플래시몹의 형태로 빠르게 모였다가 흩어지기도 한다. 순식간에 대중들은 조직화되고 정치적 시위에 나서기도 한다.

디지털시대 권력지형은 기존 권력구조와는 근본적으로 다르다. 수평적이고 쌍방향이며 민주적이라는 점에서 폭발적 잠재력을 갖는다. 미래에는 소셜미디어나 네트워크를 장악하는 자가 더 많은 권력을 갖게 될 것이다.

미래사회는
디지털 융합·컨버전스 사회

미래사회는 디지털 중심 세상이다. 디지털의 전도사 MIT 미디어랩의 니콜라스 네그로폰테 교수가 《디지털이다(Being Digital, 1995)》라는 저작을 통해 '원자 시대에서 비트(bit) 중심 시대로 전환'을 이야기한 지 30여 년이 되어간다. 디지털은 우리에게 친숙한 일상이고, 디지털과 아날로그가 연결되는 사물인터넷(IoT)이나 CPS(Cyber Physical System)도 미래 가능성이 아니라 당장 닥친 현실이다.

비트는 'Binary digital'의 약칭으로 이진법의 최소 단위다. 컴퓨터 기억장치는 모든 신호를 2진수로 고쳐 기억하는데, 0과 1의 신호로 정보를 전환해 다양한 정보를 생산, 유통, 전달하는 것을 '디지털'이라고 부른다.

디지털은 손가락을 뜻하는 라틴어 디지트(digit)에서 온 말이다. 손가락으로 셀 수 있기 때문에 '수'를 뜻한다. 프랑스어에서 디지털에 해당하는 단어는 '뉘메리크(numérique)'인데 '수치로 나타낸'이란 뜻이다. 전류가 1에서는 흐르고 0에서 멈추는 방식이지만 그 조합은 무한하다. 디지털은 백과사전 수십 권 분량의 방대한 정보도 CD롬 한 장에 담아낼 수 있는 놀라운 정보처리 능력을 갖고 있다.

디지털 산업의 글로벌 리더 구글의 회사이름은 '무한한 가능성'이라는 의미를 담고 있다. 원래 구글(Google)의 첫 이름은 구골(Googol)이었다고 한다. 구골은 10의 100제곱(10^{100})을 의미한다. 1억은 0이 8개가 붙고 1조는 0이 12개인데, 거기에 0을 4개 더 붙이면 1경이 된다. 그러니 0이 100개나 되는 구골은 얼마나 천문학적인 숫자인가.

구골은 한 어린이가 생각해낸 이름이다. 1938년 미국의 수학자 에드워드 캐스너가 10의 100제곱을 뭐라고 부를까 생각하다 아홉 살짜리 어린 조카딸에게 묻자 '구골'이라고 해서 그 이름이 만들어졌다고 한다. 구골플렉스라는 숫자도 있는데 이는 10의 구골제곱이다. 칼 세이건은 "구골플렉스를 숫자로 적으려면 우주보다 더 큰 공간이 필요하다"고 말했다.

구골만 해도 우주의 모든 원자수보다 많은 수다. 엄청난 규모의 검색엔진을 만들겠다는 구글 창업자의 의도와 맞아 회사이름을 구골로 하려 했다가 인터넷 도메인을 'google'로 잘못 입력하는 바람에 구글이 되었다는 에피소드도 있다. 오늘날 구글 본사를 구글플렉스라 부르는데 이는 구골플렉스를 연상시킨다.

아날로그와 디지털은 서로 다른 차원이다. 아날로그 세계에서는 자원이 희소성을 가지기 때문에 수요와 공급으로 시장이 형성되고 제한된 양만 생산할 수 있다. 하지만 디지털 세계에서는 거의 비용을 들이지 않고도 무한대의 대량복제, 보급이 가능하다. 이런 디지털의 특성은 아날로그와 비교하면 압도적 비교우위다.

물론 아날로그와 디지털이 별개로 존재하는 것은 아니며, 디지털이 아날로그를 완전히 대체할 수도 없다. 하드웨어가 아날로그라면 이를 움직이는 프로그램이나 소프트웨어는 디지털이다. 소프트웨어는 하드웨어가 없으면 작동할 수 없고, 디지털은 아날로그 없이는 힘을 발휘하지 못한다. 디지털과 아날로그는 배타적 관계라기보다 상보적 관계다. 이미 10여 년 전 디지털 기반과 아날로그 정서가 융합된 '디지로그'라는 개념을 주창한 이어령 교수의 앞선 생각은 지금 생각해도 놀랍다.

전 세계 기업들의 시가총액 자료를 제공하는 사이트 미스터캡에 의하면, 2021년 2월 17일 시가총액 기준 10위권의 기업은 다음과 같다.

1위는 미국의 애플로 2조 2,360억 달러 규모고, 2위는 사우디아라비아 국영석유회사 아람코(2조 430억 달러), 3위는 마이크로소프트(1조 8,380억 달러), 4위는 아마존(1조 6,460억 달러), 5위는 구글의 지주회사 알파벳(1조 4,270억 달러), 6위는 중국의 텐센트(9,206억 달러), 7위는 페이스북(7,799억 달러), 8위는 테슬라(7,642억 달러), 9위는 중국의 알리바바(7,394억 달러), 10위는 대만 반도체 기업 TSMC(5,843억 달러)다. 상위 10개 거대 기업 중 미국 기업이 6개, 중국 기업이 2개, 대만 기업이 1개, 사우디 기업이 1개다. 10위권 기업들을 보면 디지털 경제의 파워를 확인할 수 있다. 아람코, 테슬라를 빼면 나머지 8개가 모두 디지털 기업들이다.

이렇게 디지털 기업이 세계 경제를 주도하는 것을 보면 분명 비트 중심 시대는 맞다. 디지털 대전환 시대에 디지털 기업의 강세는 계속될 것이고 어느날 갑자기 새로운 디지털 강자가 혜성처럼 등장할 수 있을 것이다.

디지털화가 급속하게 진전되면서 '디지털 컨버전스(Digital Convergence)'가 대세다. 기존에는 따로따로였던 기기들이 이제 IT기술로 융합·통합되고 있다. 가령 요즘 스마트폰은 전화기라기보다는 휴대용 컴퓨터에 가깝다. 전화기, 카메라, MP3 기능은 기본이고 이메일, 인터넷 기능까지 조그만 휴대전화에 모두 통합돼 있고 인공지능까지 장착돼 있다.

디지털기술의 발전은 각종 기술과 서비스의 융합을 촉진하고 있다. 방송이 디지털화되고 통신이 고속, 대용량화되면서 그동안 개별적으로 서비스되어 오던 전화, 인터넷, 방송은 하나로 융합되고 있다. 방송과 통신의 융합으로 디지털 멀티미디어방송(DMB)이 나타나고 유선의 광대역성과 무선의 이동성이 융합돼 와이브로를 출현시켰으며 방송통신과 인터넷의 융합은 IPTV(Internet Protocol Television)를 만들어냈다.

IPTV는 초고속 인터넷망을 이용해 동영상 콘텐츠와 방송, 정보를 텔레비전으로 제공하는 뉴미디어다. 편리한 시간에 보고 싶은 프로그램만 볼 수 있다는 점에서 케이블이나 공중파방송과 다르다. 텔레비전 수상기, 셋톱박스, 인터넷회선만 연결되어 있으면 리모컨을 이용해 인터넷 검색은 물론 영화감상, 홈쇼핑, 홈뱅킹, 온라인 게임 등 다양한 콘텐츠와 부가서비스를 이용할 수 있다.

기술 발전과 함께 융합, 통합도 빠르게 진행되고 있다. 기술적 융합뿐 아니라 사회적 융합, 학문의 융합도 가속화될 것이다. 우리나라 1세대 과학칼럼니스트 이인식은 21세기 들어 학문융합 현상이 시대적 흐름으로 자리 잡게 된 까닭은 그것이 상상력과 창조성을 극대화할 수 있는 지름길로 여겨지기 때문이라고 설명한다.

2001년 미국과학재단(NSF)은 상무부와 함께 융합기술에 관한 정책문서를 작성했는데, 이 문서는 나노기술, 생명공학기술, 정보기술, 인지과학 등 4대 분야(NBIC)가 상호의존적으로 결합되는 것을 '융합기술(convergence technology)'이라 정의하고, 기술융합으로 르네상스 정신에 다시 불을 붙일 때가 되었다고 천명했다. 르네상스 시대에는 여러 분야를 공부한 창의적 개인이 '오늘은 화가, 내일은 기술자, 모레는 작가'가 될 수 있었다. 이 문서는 기술융합을 통해 2020년 전후로 인류가 새로운 르네상스를 맞게 돼 누구나 능력을 발휘하는 사회가 도래할 것이라고 예견했다.[143]

미래에는 인문학과 과학기술, 문화예술이 융합되는 지식 대융합 또는 지식의 메디치 효과가 보편적 현상이 될 것이다.

---

[143] 이인식 지음, 《지식의 대융합 : 인문학과 과학기술은 어떻게 만나는가》, 고즈윈, 2008년, 6~7쪽

창의성과 상상력으로
만드는 미래

　미래사회를 그리는 것은 우리의 창의성과 상상력이다. 미래 사회는 무한한 가능성을 갖고 있다. 창의성이 중요해질수록 인간의 상상력은 핵심가치로 부각될 것이다. 미래에는 첨단과학기술과 함께 문화의 역할이 커질 것이다. 문화와 과학기술의 공통점은 상상력에 있다. 상상력은 창의적 문화를 만들고 새로운 과학기술 영역을 창조하는 힘이다.

　요즘 문화예술과 과학기술의 만남과 융합이 활발해지고 있다. 문화예술과 과학기술의 만남이라는 말 속에는 이 둘이 서로 다른 영역이었다는 의미가 내포되어 있다. 사실 두 영역은 너무 이질적인 것으로 인식되어 왔다. 우리 사회는 오랜 기간 동안 고등학교부터 문과와 이과를 분리해 교육하고 문과형 인재와 이과형 인재를 따로따로 양성해 왔다.

서구 사회에서도 과학적 문화와 인문학적 문화는 이질적인 발전을 해왔고 그 폐해가 워낙 커서 1959년 스노는 이를 '두 문화(two cultures)'라고 지칭한 바 있다. 흔히 문화예술 영역에서 활동하는 사람과 과학기술 영역에서 활동하는 사람은 완전히 다른 유형의 사람으로 취급한다. 스노도 인문학적 문화의 첨단에 있는 시인과 과학적 문화의 첨단에 있는 물리학자가 서로 만나 이야기하면 소통의 어려움이 있다고 지적했다. 문화예술은 감성적인 것이고 과학기술은 지극히 이성적인 것으로 생각하는데, 이는 잘못된 상식이라고 심혜련 교수는 지적한다.

> "어떻게 문화예술은 감성적인 작업이며, 또 과학기술은 이성적인 작업이라고 단순하게 규정할 수 있는가? 감성적이기만 한 작업이 어떻게 존재할 수 있으며, 또 이성적이기만 한 작업이 어떻게 존재할 수 있는가? 문화예술은 감성적인 동시에 이성적이며, 과학기술은 이성적인 동시에 감성적이다. 이 두 영역 다 감성과 이성이 함께 작동해야 좋은 결과를 가져올 수 있다. 한쪽만 강조되면 편협한 결과를 가져올 것이다. 외눈 거인 키클로페스처럼 말이다.[144]"

---

144 심혜련, '상상, 창의로 '문화와 과학' 만남이 즐겁다', 월간 《너울》, 2008년 2월호, 한국문화관광연구원, 11쪽

심 교수는 "문화예술적 상상력과 창조성, 그리고 과학기술적 상상력과 창조성이 서로 다르지 않다"고 강조한다.

과학과 예술의 협업을 통해 많은 창의적 결과물이 빚어지는 것을 이제 우리는 쉽게 접할 수 있다. 미디어아트, 멀티미디어 음악, 영화의 CG나 3D 등도 문화예술과 첨단기술이 어우러져 만들어진 산물이다. 영화산업의 패러다임을 바꾼 〈아바타〉는 역발상, 상상력, 조화와 균형, 브랜드, 도전정신 등 무형의 가치가 갖는 힘을 폭발적으로 보여주었다. 바로 이런 가치들이 미래 사회의 핵심 키워드가 될 것이다.

삼성그룹은 2015년 하반기 공채부터 학점 제한을 없애고 직무적합성 평가, 창의성 면접 등을 도입했다. 창의성 면접이란 이전에는 없던 색다른 전형방식이다. 지원자가 제시된 과제에 대한 해결방안을 발표하고 면접위원이 추가 질의하는 형태로 진행되며, 지원자의 독창적 아이디어와 논리 전개과정을 평가한다고 한다.

상상은 아직 일어나지 않은 일이나 존재하지 않은 대상을 머릿속으로 그려 보는 것이다. 상상의 결과물은 때로는 허무맹랑하고 실현 가능성도 낮다. 하지만 세상, 지구, 인간 등 모든 것이 무에서 탄생했다. 태초에는 아무것도 없었다. 오늘날 우리는 아침에 일어나 저녁에 잠들기까지 인간이 만들어낸 과학기술의 산물과 함께 살아간다. 이 모든 과학기술의 산물은 누군가가 상상하고 이 상상을 바탕으로 또 누군가가 만들어낸 것들이다. 중요한 것은 그 출발점이 상상이라는 것이다.

쥘 베른(Jules Verne, 1828~1905)이라는 프랑스의 과학소설가가 있다. 공상과학소설(SF)의 아버지로 불리는 사람이다. 그는 1828년 프랑스의 낭트에서 태어나 원래 법률을 공부했으나 무대연출가, 각본가, 주식 브로커로도 활약했으며, 나중에 알렉상드르 뒤마 등 당대의 걸출한 문인을 만나 글쓰기에 대한 조언을 받으면서 문학의 길을 걷게 되었다.

그는 일생 동안 80여 편의 과학소설과 모험소설을 썼고, 경이의 시리즈 60여 편을 출판했다. 《지구 속 여행(1864)》, 《지구에서 달까지(1865)》, 《달나라 일주(1869)》, 《해저 2만리(1869)》, 《80일간의 세계 일주(1873)》 등이 대표작이다. 누구나 어린 시절 한두 권씩은 읽어봤을 법한 이 명작들은 풍부한 상상력과 과학지식을 토대로 쓴 공상과학소설이다.

미래를 꿈꾸게 하고 상상력을 넓혀 준 쥘 베른의 소설 《80일간의 세계 일주》나 《해저 2만리》는 인류의 과학기술 발전에 크게 기여했다. 이 소설들은 1800년대 말에 주로 씌어졌는데 달 로켓, 잠수함 등 당시로서는 꿈같았던 것들이 소재로 등장한다. 가령 당시에는 희귀한 금속으로 아무도 상용화할 생각을 못했던 알루미늄을 달로켓 소재로 사용한다는 발상은 시대를 한 걸음 앞서 있다. 산업계에서는 이 소설에서 힌트를 얻어 후에 알루미늄의 실용화에 본격적으로 뛰어들었다.

1960년대부터 1970년대에 걸쳐 달 착륙을 둘러싸고 치열한 경쟁을 벌였던 미국과 소련의 과학자들도 어린 시절 쥘 베른의 소설에서 자극을 받고 실제 연구에서 많은 힌트를 얻었을 것이다. 쥘 베른이 《해저 2만리》에서 묘사한 잠수함은 1954년 미국이 개발한 최초의 원자력잠수함으로 실현되었다. 1952년 6월 기공해 1954년 1월 진수, 1955년 1월 17일 항해를 개시한 원자력잠수함 'SSN-571 노틸러스(Nautilus)호'의 이름은 쥘 베른의 소설에서 따온 것이다. 쥘 베른이 원자력잠수함, 해저 여행, 달나라 여행 등을 상상하며 모험소설을 썼던 것은 1800년대였지만, 그의 공상 중 대부분은 다음 세기에 현실로 이루어졌다.

'한 사람이 꿈꾸면 꿈이지만 많은 사람이 꿈꾸면 현실이 된다'는 말이 있다. 출발은 한 사람의 상상이다. 물리학자 아인슈타인은 '상상은 지식보다 중요하다'고 말했다. '아는 것이 힘'이라고 하지만 상상은 때로는 더 큰 힘이 된다. 상상력은 가장 중요한 경쟁력이다. '연구개발(R&D)'이라는 용어는 '상상개발(I&D)'이라는 용어로 대체되고 있다. 상상하지 않는 개인은 어떤 것도 창조할 수 없다.

인공지능 시대가
온다

　구글 딥마인드의 알파고, IBM의 왓슨을 비롯한 인공지능은 조만간 우리의 삶 속 깊숙이 들어올 것이다. 이미 생활 곳곳에서 우리는 인공지능을 만나고 있고 함께 살고 있다. 인공지능이 인간의 직업을 대체하고 인공지능이 인간과 공존하는 시대는 머지않아 올 것이다. 이제는 인공지능 시대를 준비해야 한다.

　앞으로 인공지능 기술을 둘러싼 국가 간의 주도권 경쟁은 더욱 치열해질 것이다. 인공지능이 고도로 발달하면 청소로봇, 육아로봇은 물론이거니와 로봇교사, 로봇기자, 로봇판사에 이르기까지 로봇은 인간이 수행하던 대부분의 직업들을 대체하게 될지 모른다. 힘들고 어려운 일, 위험한 일은 인공지능 로봇이 도맡아 하게 되는, 편리하고 안전한 세상이 도래할 것이다.

　미래학자 레이 커즈와일(Ray Kurzweil)은 기계문명의 급속한 발달로 인해 인류는 어느 순간 기계가 인간을 능가하는 시점인 '특이점(singularity)'을 맞게 될 것이라 예측한다. 커즈와일이 예견한 특이점의 시점은 2045년이다.

알파고-이세돌의 역사적인 바둑 대국 직후 한국고용정보원은 우리나라 주요 직업 400여 개 가운데 인공지능과 로봇기술(Robotics) 등을 활용한 자동화에 따른 직무 대체 확률을 분석하여 발표했다.[145] 한국고용정보원은 인공지능과 로봇기술의 발전에 따른 자동화가 일자리에 미치는 영향을 분석하기 위해, 영국 옥스퍼드대학교에서 미래 기술의 영향을 연구하는 칼 베네딕트 프레이와 마이클 오스본 교수가 제안한 분석 모형(2013년)을 활용했다.

정교한 동작을 필요로 하는지, 비좁은 공간에서 일하는지, 창의력이 얼마나 필요한지, 예술과 관련된 일인지, 사람들을 파악하고 협상·설득하는 일인지, 서비스 지향적인지 등을 주요 변수로 삼아 분석했다.

자동화에 따라 직무의 상당 부분이 인공지능과 로봇으로 대체될 위험이 높은 직업은 콘크리트공, 정육원 및 도축원, 고무 및 플라스틱 제품조립원, 청원경찰, 조세행정사무원 등의 순이

---

145 한국고용정보원 보도자료, 'AI—로봇—사람, 협업의 시대가 왔다!', 2016년 3월 24일

였다. 이들 직업은 업무를 수행하기 위해 단순 반복적이고 정교
함이 떨어지는 동작을 하거나 사람들과 소통하는 일이 상대적

자동화 대체 확률 높은 직업 상위 30

순위	직업명	순위	직업명
1	콘크리트공	16	매표원 및 복권판매원
2	정육원 및 도축원	17	청소원
3	고무 및 플라스틱 제품조립원	18	수금원
4	청원경찰	19	철근공
5	조세행정사무원	20	도금기 및 금속분무기조작원
6	물품이동장비조작원	21	유리 및 유리제품 생산직 (기계조작)
7	경리사무원	22	곡식작물재배원
8	환경미화원 및 재활용품수거원	23	건설 및 광업 단순 종사원
9	세탁 관련 기계조작원	24	보조교사 및 기타 교사
10	택배원	25	시멘트·석회 및 콘크리트 생산직
11	과수작물재배원	26	육아도우미(베이비시터)
12	행정 및 경영지원 관련 서비스 관리자	27	주차관리원 및 안내원
13	주유원	28	판매 관련 단순 종사원
14	부동산 컨설턴트 및 중개인	29	창틀 제작 및 시공원
15	건축도장공	30	육류·어패류·낙농품가공 생산직

으로 적다는 특징을 보인다.

　전문직으로 분류되어 온 손해사정인(40위), 일반 의사(55위), 관제사(79위) 등도 자동화에 의한 직무 대체 확률이 상대적으로

자동화 대체 확률 낮은 직업 상위 30

순위	직업명	순위	직업명
1	화가 및 조각가	16	시각디자이너
2	사진작가 및 사진사	17	웹 및 멀티미디어 디자이너
3	작가 및 관련 전문가	18	기타 음식서비스 종사원
4	지휘자·작곡가 및 연주가	19	디스플레이어 디자이너
5	애니메이터 및 만화가	20	한복제조원
6	무용가 및 안무가	21	대학교수
7	가수 및 성악가	22	마술사 등 기타 문화 및 예술 관련 종사자
8	메이크업 아티스트 및 분장사	23	출판물기획전문가
9	공예원	24	큐레이터 및 문화재보존원
10	예능강사	25	영상·녹화 및 편집기사
11	패션디자이너	26	초등학교 교사
12	국악 및 전통 예능인	27	촬영기사
13	감독 및 기술감독	28	물리 및 작업치료사
14	배우 및 모델	29	섬유 및 염료시험원
15	제품디자이너	30	임상심리사 및 기타 치료사

높은 것으로 나타났다.

반면 화가 및 조각가, 사진작가 및 사진사, 작가 및 관련 전문가, 지휘자·작곡가 및 연주자, 애니메이터 및 만화가 등의 직업은 자동화에 의한 대체 확률이 상대적으로 낮은 것으로 분석됐다. 대부분 문화예술 관련이거나 창의성과 감성, 사회적 협력, 소통 등을 필요로 하는 직업이다.

미래에는 단순반복노동, 조립·제작 등을 하는 산업 영역, 또는 연산, 주식, 금융 등 경제 영역의 일부에서는 점차 기계나 인공지능이 인간을 대신하게 되고, 감성과 상상력을 가진 사람은 주로 문화·예술이나 창조산업 등의 영역에서 일하게 될 가능성이 높다.

2016년 다보스포럼에서 발표된 보고서 〈직업의 미래(The Future of Jobs)〉에서는 자동화에 기초한 직무 대체는 대략 2020년 전후 시작될 것으로 예측했다. 자동화 대체에도 불구하고 정보 및 커뮤니케이션 산업, 미디어, 엔터테인먼트 및 정보산업, 전문 서비스산업 분야와 같이 창의적이고 사람과 상호작용이 요구되는 산업 분야의 일자리는 당분간 안정적으로 유지될 것이다.[146]

---

146 박가열, '일자리의 미래와 도전과제', 《행복한 교육》, 교육부, 2016년 5월호

또한 이 보고서는 4차 산업혁명으로 인해 많은 일자리들이 사라지고 새로운 일자리들도 나타날 것으로 내다봤다. 사라지는 일자리는 주로 사무직 및 관리직종이고, 컴퓨터, 수학, 건축, 엔지니어링 분야 일자리는 상대적으로 늘어날 것이라 보고 있다.[147] 이런 예측에 비추어 볼 때 문화콘텐츠나 문화산업의 미래는 청신호인 것으로 보인다.

인공지능에 의한 자동화 대체 시점은 예상보다 빨리 찾아올지 모른다. 로봇이 기사를 쓰는 로봇저널리즘은 이미 현실화된 분야다. 프로야구 뉴스 같은 경우는 데이터만 입력해주면 알고리즘에 의해 자동으로 뉴스가 생성되는 프로그램이 사용되고 있다. 프로야구 뉴스를 자동으로 생성하는 프로그램 '야알봇'을 만든 이준환 서울대학교 언론정보학과 교수 연구팀의 도움을 받아 로봇이 쓴 기사와 사람 기자가 쓴 기사를 보여주고, 기사 작성자를 구별할 수 있는지 실험해 보았다는 보도도 있었다. 다음에 그 두 개의 기사가 있는데 하나는 인공지능 프로그램이 자동으로 생성한 기사고, 다른 하나는 〈동아일보〉 기자가 쓴 기사다.[148]

---

147 ZDnet, 2016년 1월 19일
148 동아일보, 2016년 4월 18일

"〈가〉 9일 마산구장에서 열린 2016 타이어뱅크 KBO리그 경기에서 NC 다이노스가 한화 이글스를 상대로 10–1로 대승을 거뒀다. 3연승을 달린 NC는 4승 3패를 기록했다. 반면 한화는 4연패의 늪에 빠지며 1승 6패가 됐다. NC 선발투수 이재학은 8이닝 동안 7피안타 2볼넷 7탈삼진 1실점 호투를 펼치며 승리를 거머쥐었다. 타선에서는 박석민이 4타수 3안타 1홈런 3타점, 나성범이 4타수 3안타 3득점으로 맹활약했다."

"〈나〉 9일 마산구장에서 열린 NC와 한화와의 2016 타이어뱅크 KBO리그에서 NC가 손시헌을 시작으로 연이어 득점을 하면서 파죽의 대승을 거두었다. NC는 13안타 2홈런을 날리며 거침없이 질주했다. NC는 0 : 1로 뒤처지던 2회 말, 손시헌이 홈런을 뽑아내 2점을 얻었다. 이후 테임즈, 박석민이 활약해서 NC가 승리하는데 큰 힘을 발휘했다. 오늘 경기 결과 NC는 이번 시리즈 한화와 경기에서 위닝시리즈를 따냈고 순위는 2위로 상승했다."

위 두 기사 중 어느 것이 사람이 쓴 기사고, 어느 것이 로봇이 쓴 기사일까?

필자가 청소년 대상 대중강연에서 실제 이 두 기사를 보여주고 사람이 쓴 기사를 맞춰보라고 해봤는데, 놀랍게도 대부분 학생들은 답을 맞히지 못했다.

두 기사 중 〈가〉가 진짜 사람 기자가 쓴 기사고 〈나〉는 인공지능 프로그램이 자동으로 생성한 기사다. 아마 '파죽의 대승', '거침없이' 등의 표현을 보고 사람이 쓴 기사라 판단한 분들이 많겠지만 가령 '몇 대 몇 이상 점수가 벌어지면 파죽의 대승으로 입력하라'는 식으로 프로그래밍하면 인공지능 로봇도 자연스럽게 고급스런 표현들을 쏟아낼 수 있다.

이제 인공지능이 웬만한 경력 기자보다 훨씬 기사를 잘 쓰고 그것도 순식간에 작성하는 시대가 온 것이다. 외국에서는 AP통신, 블룸버그, LA타임스 등 메이저 언론에서 이미 로봇기자를 활용하고 있다.

2016년 5월에는 IBM의 슈퍼컴퓨터 왓슨이 탑재된 인공지능 로스(ROSS)가 미국 뉴욕에서 대형 로펌 베이커앤호스테틀러(Baker & Hostetler) 등과 계약을 체결하고, 파산 관련 변호사 업무를 시작했다고 한다. 이를테면 로스는 세계 최초의 인공지능 변호사인 셈이다.

우리나라에서도 사람의 말을 알아듣고 원하는 답을 내놓는 인공지능 서비스들이 국내 기업과 공공기관 등에 제공되기 시작했다.[149]

'왓슨(Watson)' 기술을 보유한 미국 IBM과 국내 IT 서비스 기

---

[149] 조선비즈 온라인판, 2016년 5월 10일

업 SK C&C가 손잡고 한국어로 된 왓슨 서비스를 2017년부터 시작했다. IBM은 왓슨 기술을 제공하고, SK C&C는 여기에 한 국어를 탑재해 국내 기업과 공공기관 등에 제공하는 방식이다. 이제 곧 우리는 쇼핑몰, 은행, 병원, 관공서 등에서 인공지능을 만나게 될 것이다.

IBM의 왓슨은 구글의 '알파고(AlphaGo)'처럼 '딥러닝(Deep-Learning)'기술을 바탕으로 스스로 학습하는 능력을 지닌 첨단 인공지능이다. 알파고가 바둑 같은 게임을 잘하도록 설계된 것 과 달리, 왓슨은 사람의 말과 글을 이해하는 능력에 초점을 맞 추었다.

이미 2011년 왓슨은 미국 NBC의 퀴즈쇼 프로그램 '제퍼디' 에 참가해 인간 퀴즈 챔피언과 세기의 대결을 벌인 바 있다. 왓 슨은 사상 최대 우승자 브레드 러터, 챔피언십 최장 기록 보유 자(74번 연속 승리) 켄 제닝스와 대결해 두 명의 퀴즈 챔피언을 가 볍게 물리쳐 세상을 놀라게 하였다.

인간의 언어를 이해하고 소통하는 인공지능이 우리 생활 속 에서 상용화되고 인공지능 기계가 인간노동의 상당 부분을 대 체하게 되는 세상이 오면 인간은 무얼 하고 살아야 할까라는 질문에 부딪치게 될 것이다. 어렵고 힘든 일, 위험한 일 등을 기 계가 하게 되면 사람은 기계보다 더 잘할 수 있는 일이나 기계가 사람을 대체할 수 없는 일을 해야 할 것이다.

또한 인공지능 시대의 교육은 기능적 삶이 아니라 인간적 삶을 가르쳐야 한다. 전문적 지식전달이 아니라 학습방법과 학습의 즐거움을 가르쳐주는 교육이 돼야 한다.

지식을 습득하고 데이터를 분석하는 것은 사람이 기계보다 못하지만, 사람은 기계가 갖지 못하는 지혜와 방대한 지식을 꿰뚫어보는 통찰력을 갖고 있다. 존재하지 않는 것을 상상하고 문제해결을 위해 창의성을 발휘하는 것도 인간이 잘하는, 인간적인 능력이다.

인공지능 기계는 자가학습을 통해 복잡한 문제를 해결할 수는 있겠지만, 궁금한 것을 질문하지 않으며 하릴없이 미래를 꿈꾸거나 기발한 것을 상상하지 않는다. 지성적 측면에서는 기계가 훨씬 앞서겠지만, 감성 영역은 언제까지나 인간의 고유 영역으로 남을 가능성이 크다.

인공지능 시대의 미래교육은 지식을 전달하고 암기하는 방식의 교육이 아니라 삶의 지혜와 통찰력을 길러주는 교육이 되어야 하며, 또한 사회적 존재로서의 협동심, 소통, 공감능력을 갖춘 인재를 기르는 교육이 되어야 한다.

인공지능에 의한 직업들의 자동화 대체 확률을 연구·조사하여 발표한 한국고용정보원 박가열 연구위원은 "우리 사회가 인공지능과 로봇을 중심으로 한 4차 산업혁명을 주도하려면 교육 패러다임을 창의성과 감성 및 사회적 협력을 강조하는 방향으로 전환해야 한다"고 말했다.[150]

---

150 한국고용정보원 보도자료, 'AI−로봇−사람,협업의 시대가 왔다!', 2016년 3월 24일

맺음말

　성공한 사람에는 난사람, 든사람, 된사람이 있다. 난사람은 연예인, 정치인, 스포츠 스타 등 사회적으로 성공해서 출세한 사람을 말하고, 든사람은 교수, 과학자, 박사 등 머리에 학식이 많이 들어 있는 지식인들이다. 된사람은 인격적으로 성숙하고 됨됨이가 바르고 이타적이고 사회에 기여하는 사람이다.

　이들 중 가장 품격 있는 사람은 바른 가치관과 품위, 문화적 소양을 갖춘 된사람이다. 학식과 재력만 갖춘다고 품격 있는 사람이라고 할 수는 없다.

　국가도 마찬가지다. 난국가, 든국가, 된국가가 있다고 한다면 위대한 국가는 된국가일 것이다. 된국가의 품격은 미국의 정치학자 조지프 나이(Joseph S. Nye)가 '소프트 파워(soft power)'라고 불렀던 문화로부터 나온다.

　문화는 일부러 감춰도 자체 발광하고, 눈에 그 모습이 보이진

않아도 은은한 향기를 뿜는 고상한 품격 같은 것이다. 정치, 경제, 산업, 교육 등 사회를 구성하는 모든 영역의 기반이 되는 것이 바로 문화다.

문화가 중요하다는 데 반론을 제기하는 사람은 없을 것이다. 하지만 우리 현실을 들여다보면 문화가 제대로 대접받고 있는 것 같지는 않다. 정부 전체 예산에서 차지하는 문화 예산의 비중은 겨우 1%에 불과하고, 가정이나 회사에서도 불황일 때는 우선적으로 문화생활과 관련된 지출을 줄인다. 말로만 문화의 시대를 이야기할 것이 아니라 문화에 대한 획기적인 인식 전환이 필요하다.

선진국과 개발도상국의 근본적이고 본질적인 차이도 정치나 경제, 과학기술보다는 문화에서 찾아야 한다. 문화는 죽느냐 사느냐의 생사 문제라기보다는 어떻게 사느냐의 삶의 질 문제다. 당장 배고플 때는 먹고사는 문제가 우선이겠지만 먹고사는 문제가 어느 정도 해결되고 나면 사람들은 더 여유롭고 인간적인 생활을 갈망하기 마련인데, 이는 인간의 본성이다. 조지프 나이 교수의 주장처럼 21세기에는 정치나 군사력과 같은 물리적 힘이 아니라 공감을 기반으로 하는 소프트 파워를 가진 나라가 진정한 강대국이다. 소프트 파워의 핵심이 문화다. 조지프 나이는 국제정치에서의 소프트 파워에 대해 이야기했지만[151] 국제

관계는 물론이고 대인관계, 사회관계에서도 소프트 파워는 큰 힘을 발휘한다.

기업도 마찬가지다. 기업의 소프트 파워는 다름 아닌 기업문화, 기업의 문화적 가치와 지향 등을 말한다. 기업이 가진 공장 인프라, 첨단장비, 대자본 등 하드 파워보다는 기업의 이미지, 브랜드, 문화적 가치, 문화마케팅을 통한 호감도 등 소프트 파워야말로 기업 경쟁력의 원천이다. 한 기업이 만들어내는 상품의 완성도나 품질 못지않게 그 기업에 대해 소비자들이 가지는 친근함, 호감도, 신뢰가 중요한 것이다.

지금 사회는 그야말로 빛의 속도로 변화하고 있다. 작금의 자본주의는 산업화 시대의 그것과는 근본적으로 다르다. 한 달 전의 지식은 지금 벌써 낡은 지식이다.

세계미래회의 2006년 보고서에 의하면, 오늘날 우리가 알고 있는 테크놀로지 지식 중 2050년경에도 사용될 수 있는 지식은 1%에 불과할 것이라고 한다. 때문에 지속적인 '평생학습'이 필요하다. 지금의 세상, 그리고 다가올 세상이 지식기반사회이건, 지능정보사회이건, 포스트 코로나 사회이건 용어가 중요한 게 아니다. 분명한 것은 이런 전반적인 변화가 자본주의의 모습마

---

151 조지프 나이 지음, 홍수원 옮김, 《소프트 파워》, 세종연구원, 2004년

저 근본적으로 바꾸고 있으며 그 가운데 문화가 핵심 동인이라는 사실이다. 문화라는 관점으로 세상을 새롭게 바라봐야 한다.

"It's the economy, stupid!(이 바보야, 중요한 것은 경제야!)"

무명의 아칸소 주지사 빌 클린턴은 1992년 미국 대통령 선거에서 바로 이 슬로건으로 당시 현직 대통령이었던 조지 부시를 압도했고 권력을 장악하는 데 성공했다. 우리나라의 역대 대통령 선거와 총선거에서도 이슈는 언제나 경제였다. 하지만 문화가 비즈니스와 사회의 풍경을 바꾸고 있는 지금, 아마 앞으로는 이렇게 외쳐야 할지도 모르겠다.

"It's the culture, stupid!(이 바보야, 중요한 것은 문화야!)"

개인사업자이건, 기업경영인이건, 조직의 책임자이건 문화코드를 이해하지 못하고는 변화의 트렌드를 따라잡을 수 없으며, 결코 성공할 수 없을 것이다.

이제 우리는 인공지능 시대를 맞고 있으며, 싫든 좋든 피할 수 없다. 앞으로 인간은 연산능력과 물리적 힘에서 인간을 압도하는 인공지능 기계와 공존해야 하며, 때로는 경쟁도 해야 한다. 미래에는 기계가 잘하는 것은 기계가 하고, 기계가 할 수 없는 것을 인간이 해야 한다. 아마 상당 부분은 문화와 관련된 일일 것이다. 놀고 먹고 여유를 즐기는 문화적인 삶을 인공지능 기계가 대신 해줄 수는 없다.

우리는 첨단과학기술이 사회를 변화시키는 기술문명 시대를 살고 있지만, 과학기술도 문화의 한 부분인 만큼 문화적 맥락에서 과학기술을 이해해야 한다.

"과거에도 그러했지만 21세기에도 과학기술은 인간의 삶, 사회적 관계들, 문화적 양태들, 가치관이나 윤리관 등과 간단하게 구분되지 않으며 이것들과 매우 복잡하게 얽혀 존재한다. 한마디로 새로운 도구 생산이나 경제적 성장의 요소보다는, 인간의 삶 전체와 더 이상 분리할 수 없는 총체적인 사회·문화적 패러다임으로 과학기술을 평가해야 하는 것이다.152"

'코로나19 위기' 이후 첨단기술문화는 소위 'O2O 방식'으로 진화, 발전하고 있다. O2O(Online to Offline)는 온라인과 오프라인이 연계·융합되는 것을 말한다. 축제, 행사, 체험 등 오프라인 문화와 사이버 공간의 온라인 문화가 서로 연계되고 쌍방향으로 영향을 주고받는다. 가장 대표적인 것이 메타버스다.

메타버스는 최근 핫이슈다. 초월을 뜻하는 메타(meta)와 유니버스(universe)의 합성어다. 가상공간이 물리 세상과 연결돼 사회관계나 소통은 물론이고 구매, 판매 등 경제활동까지 가능한

---

152 이중원·홍성욱·임종태 엮음, 《인문학으로 과학 읽기》, 실천문학사, 2004년, 6쪽

새로운 세상이다.

아이돌 그룹이 메타버스 플랫폼에서 신곡을 발표하는 것은 새로운 문화트렌드다. BTS는 2020년 메타버스 게임 플랫폼 포트나이트에서 신곡의 안무 버전을 공개했다.

팬데믹으로 모임이 금지되고 거리두기가 계속되어도 메타버스에서는 여행, 회의, 콘서트 등 뭐든 가능하다. 메타버스 정치집회, 기자간담회도 열리고 있고, 메타버스로 교사 연수를 하기도 한다. 메타버스 대장주 로블록스는 주가가 급등해 2021년 7월 현재 시가총액이 약 50조 원을 기록하기도 했다. 현대자동차, 삼성SDI 시총 규모를 넘어섰다. 로블록스, 제페토 등 메타버스의 이용자는 2억 명을 훨씬 넘었고 대부분 10대의 어린이들이다.

요즘 아이들은 메타버스라는 버추얼 세상에서 자신만의 아바타를 꾸미고 게임을 즐기고 친구를 사귀며, 게임을 만들어 팔기도 한다. 디지털 네이티브에게 메타버스는 친숙한 일상이자 또 하나의 삶이다. 메타버스 문화콘텐츠는 새로운 문화상품이 될 것이다.

자동화 및 AI 도입 확대로 인간의 노동시간은 줄고 여가시간은 늘기 때문에 동영상, 게임, 지식콘텐츠 등 재택·여가시간을 보내기 위한 콘텐츠 수요는 계속 증가할 수밖에 없다. 비대면이 뉴노멀이 되면서 사람들의 재택시간은 점점 늘고 있다. 사람들은 많은 시간을 집에서 보내며 일하고 쇼핑하고 학습하고 콘텐츠를 소비하는 이른바 '홈 루덴스'가 돼 가고 있다.

가장 큰 변화는 바로 집에서 이뤄지고 있다. 과거에는 직장은 일하는 곳, 학교는 공부하는 곳, 집은 잠자고 쉬는 곳이었지만, 코로나19 이후의 집은 업무를 보고 수업을 듣고 쇼핑하고 온라인 회의에도 참석하고 OTT 콘텐츠를 소비하고 비대면 공연예술을 즐기는 곳, 그리고 무엇보다 바이러스로부터 가장 안전한 공간이다. 호모 루덴스(Homo Ludens)형 인간은 점점 홈 루덴스(Home Ludens)형 인간으로 변화하고 있다. 언젠가 바이러스 감염증 위험이 현저히 잦아들면 사회적 인간의 본성을 가진 인간은 아무 일도 없었다는 듯이 다시 집밖으로 나가서 대면 집체 문화를 즐기는 날이 올 것이다.

미래가 어떻게 될지는 아무도 모른다. 하지만 인간은 어떠한 위기 속에서도 답을 찾을 것이다. 바이러스와 함께 살고 있는 지금, 코로나의 완전한 극복, 즉 포스트 코로나(Post Corona)보다는 장기간 코로나19와 공존해야 하는 위드 코로나(With Corona)에 힘이 실리고 있다. 따라서 당장의 문화적 대안은 온라인과 오프라인의 적절한 조화와 조절로 온·오프라인이 연계되는 하이브리드 문화다.

과학기술 발전과 신종 바이러스 감염증 확산으로 바야흐로 새로운 문화가 만들어지고 있다. 인간 자신이 만든 과학기술과 인공지능의 위험, 그리고 바이러스의 위협에 직면해 인간은 다시금 스스로의 삶과 가치를 돌아보게 된다. 결국 인간은 인간의 땀과 고뇌의 산물인 문화와 예술에서 희열과 행복을 느끼게 될 것이다. 미래에는 힘든 일, 어려운 일, 위험한 일은 기계가 대신해주고, 인간은 노는 일과 즐기는 일에 더 많은 시간을 할애하게 될 것이다. 그게 더 나은 미래고 더 인간적인 삶이다.

놀고 즐기는 것이야말로 문화의 본질이다. 요한 호이징하는 놀이와 문화연구에 대한 기념비적 저작《호모 루덴스》에서 문화나 문명은 노는 것에서 발생했다고 말하지 않았던가.[153] 앞으로 우리가 더욱더 문화에 관심을 가져야 하는 이유이기도 하다.

이미 머리말에서 언급했듯이 모든 사업은 상상력, 아이디어로부터 시작되고 변화는 기술이 만들지만 결국 성패는 문화에 달려 있다. 4차 산업혁명과 디지털 전환 시대, 코로나 시대에도 마찬가지다. 경제현상이 눈에 보이는 물결이라면 그 저변에 흐르는, 잘 보이지 않는 큰 해류는 문화현상이다. 문화라는 관점에서 사회변화를 봐야 큰 흐름을 읽을 수 있고 변화의 본질을 이해할 수 있다.

---

153 요한 호이징하 지음, 김윤수 옮김, 《호모 루덴스》, 까치, 2005년(1981년 초판)

4차 산업혁명, 디지털 전환과 코로나19는 우리 모두에게 위기이면서 동시에 기회다. 윈스턴 처칠은 "낙관주의자는 위기 속에서 기회를 보고, 비관주의자는 기회 속에서 위기를 본다"고 말했다. 기술변화가 촉발한 복잡다단한 문화현상과 문화경제에서 기회를 찾는 것이 진짜 경쟁력이다.

참고문헌

- 하워드 가드너 지음, 문용린·유경재 옮김, 《다중지능》, 웅진지식하우스, 2007년
- 하워드 가드너 지음, 김한영 옮김, 《미래 마인드》, 재인, 2008년
- 고영복 편, 《문화사회학》, 사회문화연구소, 1997년
- 광복70주년기념사업추진위원회 지음, 《광복 70년 위대한 여정, 새로운 도약》, 2015년
- 구본권 지음, 《로봇시대, 인간의 일》, 어크로스, 2015년
- 구사카 기민토 지음, 길영로·현경택 옮김, 《미래를 읽는 사람, 못 읽는 사람》, 새로운제안, 2002년
- 말콤 글래드웰 지음, 노정태 옮김, 《아웃라이어》, 김영사, 2009년
- 김광웅 지음, 《국가의 미래》, 매일경제신문사, 2008년
- 김대식 지음, 《김대식의 인간 vs 기계》, 동아시아, 2016년
- 김만수 지음, 《문화콘텐츠 유형론》, 글누림, 2006년
- 김명자 지음, 《산업혁명으로 세계사를 읽다》, 까치, 2019년
- 김명진 지음, 《20세기 기술의 문화사》, 궁리, 2018년
- 김민주 지음, 《성공하는 기업에는 스토리가 있다》, 청림출판, 2003년
- 김승수 지음, 《정보자본주의와 대중문화산업》, 한울아카데미, 2007년
- 김영세 지음, 《이노베이터》, 랜덤하우스코리아, 2005년

- 김정희 지음,《스토리텔링 이론과 실제》, 인간사랑, 2010년
- 김현곤 지음,《모든 비즈니스는 서비스로 통한다》, 삼우반, 2010년
- 조지프 나이 지음, 홍수원 옮김,《소프트 파워》, 세종연구원, 2004년
- 남경태 지음,《개념어 사전》, 들녘, 2006년
- 대통령자문정책기획위원회 지음,《선진복지한국의 비전과 전략》, 동도 원, 2006년
- 필립 들레름 지음, 김정란 옮김,《첫 맥주 한 모금》, 장락, 1999년
- 제러미 리프킨 지음, 이희재 옮김,《소유의 종말》, 민음사, 2001년
- 제러미 리프킨 지음, 이원기 옮김,《유러피언 드림》, 민음사, 2001년
- 라이언 매튜스 · 와츠 왜커 지음, 구자룡 · 김원호 옮김,《괴짜의 시대》, 더 난출판사, 2005년
- 문화방송 엮음,《2010 트렌드 웨이브 : MBC 컬처 리포트》, 북하우스, 2009년
- 문화체육관광부 · 한국콘텐츠진흥원 지음,《2013 콘텐츠산업백서》, 2014년
- 미디어문화교육연구회 엮음,《문화콘텐츠학의 탄생》, 다할미디어, 2005년
- 이브 미쇼 외 31인 지음, 강주헌 옮김,《문화란 무엇인가 2》, 시공사, 2003년
- 민경배 지음,《신세대를 위한 사회학 나들이》, 퇴설당, 1999년
- 클로테르 라파이유 지음, 김상철 · 김정수 옮김,《컬처 코드》, 리더스북, 2007년
- 박기찬 지음,《신나는 조직을 위한 펀 경영》, 다밋, 2009년
- 박영숙 지음,《새로운 미래가 온다》, 경향미디어, 2008년

- 박치완 · 김정희 외 지음, 《키워드 100으로 읽는 문화콘텐츠 입문 사전》, 꿈꿀권리, 2013년
- BBC 엮음, 《경제의 최전선을 가다》, 리더스북, 2007년
- 송종국 외, 〈과학기술기반의 국가발전 미래연구〉, 과학기술정책연구원, 2009년 12월
- 번 슈미트 · 알렉스 시몬슨 지음, 인피니트 그룹 옮김, 《번 슈미트의 미학적 마케팅》, 김앤김북스, 2007년
- 데이비드 스로스비 지음, 성제환 옮김, 《문화경제학》, 한울아카데미, 2004년
- 데이비드 미어먼 스콧 · 레이코 스콧 지음, 정나영 옮김, 《팬덤 경제학》, 미래의창, 2021년
- 자크 아탈리 지음, 편혜원 · 정혜원 옮김, 《21세기 사전》, 중앙M&B, 2000년
- 양현미, 〈문화의 사회적 가치-행복연구의 정책적 함의를 중심으로〉, 한국문화관광연구원, 2007년
- 롤프 옌센 지음, 서정환 옮김, 《드림 소사이어티 : 꿈과 감성을 파는 사회》, 한국능률협회, 2000년
- 오종남 지음, 《은퇴 후 30년을 준비하라》, 삼성경제연구소, 2009년
- 정보통신기획평가원, 《2021 ICT 10대 이슈 보고서》, 2021년
- 조지 오초아 · 멜린다 코리 지음, 안진환 옮김, 《당신의 미래를 바꾸는 NEXT TREND》, 한국경제신문사, 2005년
- 프란스 요한슨 지음, 김종식 옮김, 《메디치 효과》, 세종서적, 2005년
- 우석훈 지음, 《너와 나의 사회과학》, 김영사, 2011년
- 우석훈 지음, 김태권 그림, 《문화로 먹고살기》, 반비, 2011년
- 윤근섭 · 김영기 외 지음, 《현대 사회학의 이해》, 형설출판사, 1993년

- 이각범 외 지음, 《하이트렌드 : 디자인과 콘텐츠가 창조하는 기업의 미래》, 21세기북스, 2009년
- 이병문 지음, 《북유럽 디자인 경영》, 매일경제신문사, 2003년
- 이인식 지음, 《지식의 대융합 : 인문학과 과학기술은 어떻게 만나는가》, 고즈윈, 2008년
- 이종호 지음, 《포스트 코로나 로드맵》, 북카라반, 2021년
- 정철현 지음, 《문화정책론》, 서울경제경영, 2008(2004)
- 최연구 지음, 《문화콘텐츠란 무엇인가》, 살림출판사, 2006년
- 최연구 지음, 《노블레스 오블리주 혁명 : 유럽의 거울로 보는 한국의 미래》, 한울, 2007년
- 최연구 지음, 《미래를 예측하는 힘》, 살림출판사, 2009년
- 최연구 지음, 《미래를 보는 눈》, 한울, 2017년
- 최연구 지음, 《4차 산업혁명과 인간의 미래》, 살림프렌즈, 2018년
- 최연구 지음, 《과학기술과 과학문화》, 커뮤니케이션북스, 2021년
- 최연구 지음, 《10~15세 미래 진로 로드맵》, 물주는아이, 2022년
- 최혜실 지음, 《문화콘텐츠, 스토리텔링을 만나다》, 삼성경제연구소, 2006년
- 미하이 칙센트미하이 지음, 노혜숙 옮김, 《창의성의 즐거움》, 북로드, 2003년
- KAIST 문술미래전략대학원 미래전략연구센터, 《카이스트 미래전략 2021》, 김영사, 2020년
- 제리 카플란 지음, 신동숙 옮김, 《인간은 필요없다》, 한스미디어, 2016년
- 고토 카즈코 엮음, 임상오 옮김, 《문화정책학》, 시유시, 2005년
- 《테크엠(TECH M)》, 2016년 5월호
- 앨빈 토플러·하이디 토플러 지음, 김중웅 옮김, 《부의 미래》, 청림출판,

2006년

• 브루노 S. 프라이 지음, 유정식 외 옮김, 《행복, 경제학의 혁명》, 부키, 2015년

• 리처드 플로리다 지음, 이길태 옮김, 《창조적 변화를 주도하는 사람들》, 전자신문사, 2002년

• 하나은행 하나금융경제연구소, 《코로나 시대, 부의 흥망성쇠》, 시목, 2020년

• 유발 하라리 지음, 조현욱 옮김, 《사피엔스》, 김영사, 2015년

• 한국사회언론연구회 엮음, 《현대사회와 매스커뮤니케이션》, 한울아카데미, 1996(1990)

• 한국정보화진흥원, ICT Issues Weekly

• 한국콘텐츠진흥원, 〈한류지도구축연구〉, 2015년

• 새뮤얼 헌팅턴 외 지음, 이종인 옮김, 《문화가 중요하다》, 김영사, 2001년

• 프랜시스 후쿠야마 지음, 구승회 옮김, 《트러스트》, 한국경제신문사, 1996년

• 요한 호이징하 지음, 김윤수 옮김, 《호모 루덴스》, 까치, 2005년(1981)

중앙경제평론사 Joongang Economy Publishing Co.
중앙생활사 | 중앙에듀북스 Joongang Life Publishing Co./Joongang Edubooks Publishing Co.

중앙경제평론사는 오늘보다 나은 내일을 창조한다는 신념 아래 설립된 경제·경영서 전문 출판사로서
성공을 꿈꾸는 직장인, 경영인에게 전문지식과 자기계발의 지혜를 주는 책을 발간하고 있습니다.

미래를 읽는 문화경제 트렌드

초판 1쇄 인쇄 | 2023년 1월 15일
초판 1쇄 발행 | 2023년 1월 20일

지은이 | 최연구(YeonGoo Choi)
펴낸이 | 최점옥(JeomOg Choi)
펴낸곳 | 중앙경제평론사(Joongang Economy Publishing Co.)

대   표 | 김용주
책임편집 | 한옥수
본문디자인 | 박근영

출력 | 영신사 종이 | 에이엔페이퍼 인쇄·제본 | 영신사

잘못된 책은 구입한 서점에서 교환해드립니다.
가격은 표지 뒷면에 있습니다.

ISBN 978-89-6054-309-6(03320)

등록 | 1991년 4월 10일 제2-1153호
주소 | ⓟ 04590 서울시 중구 다산로20길 5(신당4동 340-128) 중앙빌딩
전화 | (02)2253-4463(代) 팩스 | (02)2253-7988
홈페이지 | www.japub.co.kr 블로그 | http://blog.naver.com/japub
네이버 스마트스토어 | https://smartstore.naver.com/jaub 이메일 | japub@naver.com
♣ 중앙경제평론사는 중앙생활사·중앙에듀북스와 자매회사입니다.

도서
주문 **www.japub.co.kr**
      전화주문 : 02) 2253 - 4463

중앙경제평론사/중앙생활사/중앙에듀북스에서는 여러분의 소중한 원고를 기다리고 있습니다. 원고 투고는 이메일을
이용해주세요. 최선을 다해 독자들에게 사랑받는 양서로 만들어드리겠습니다. **이메일** | japub@naver.com